EASTER

1

2

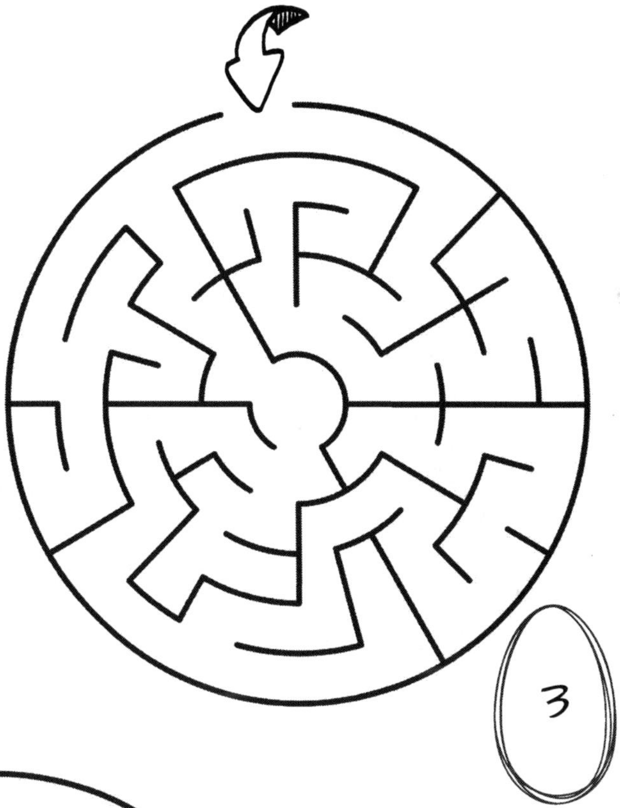
3

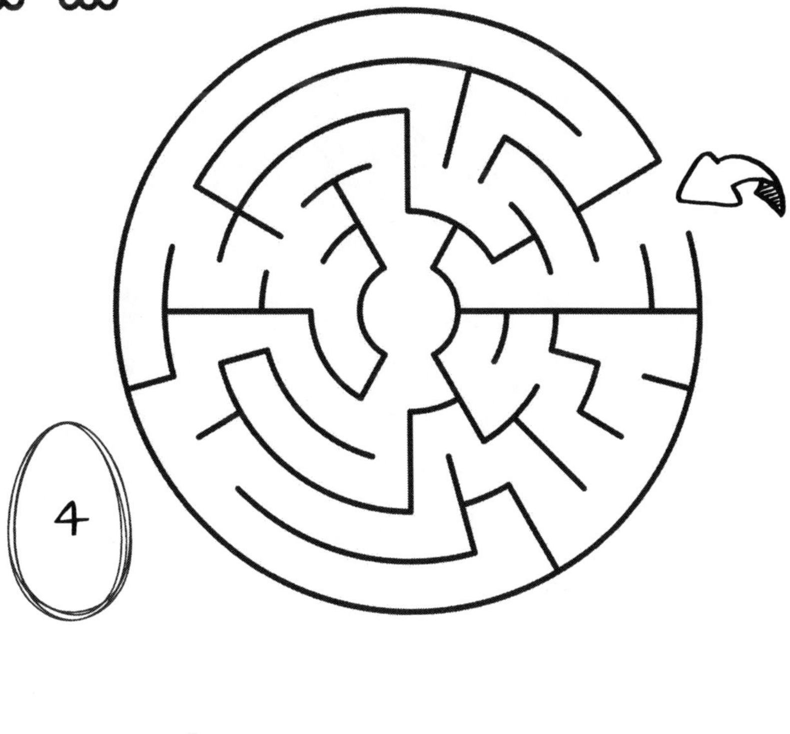
4

5

6

7

8

9

10

11

12

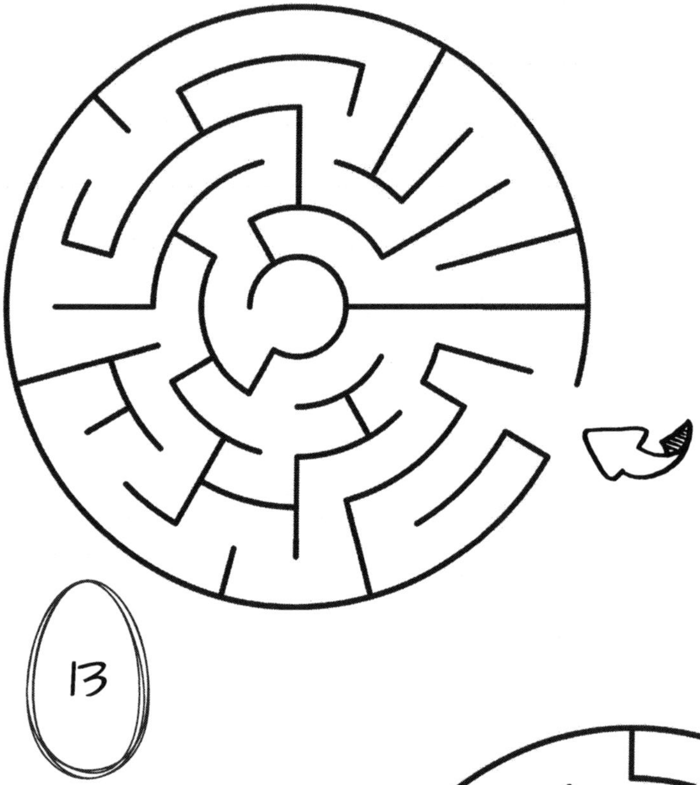
13

14

15

16

17

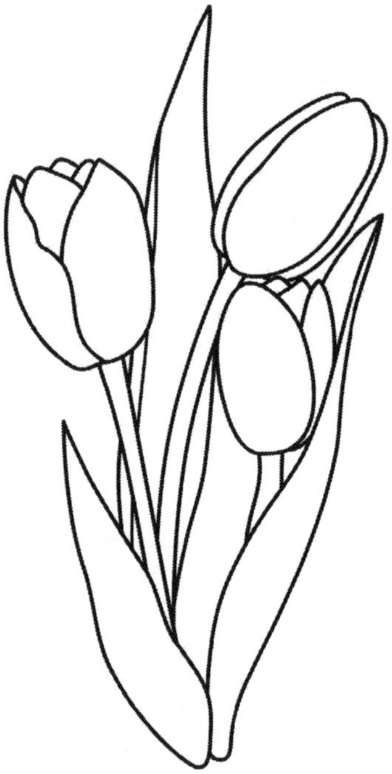

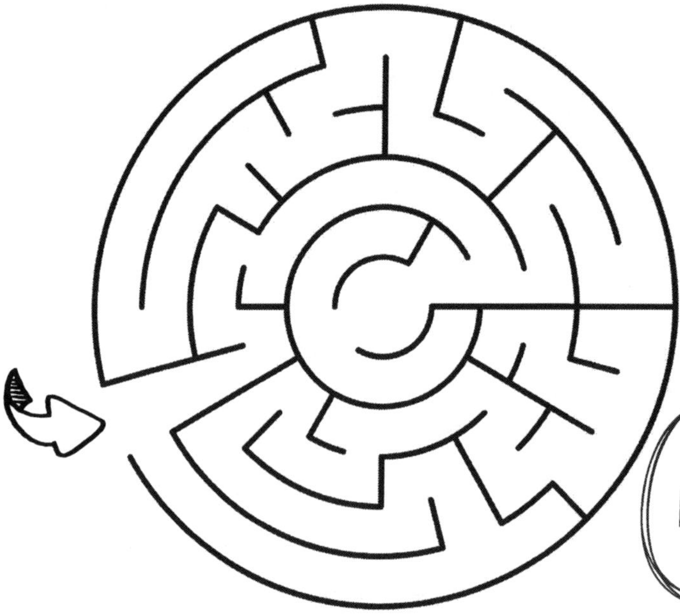

18

19

20

21

22

23

24

25

26

27

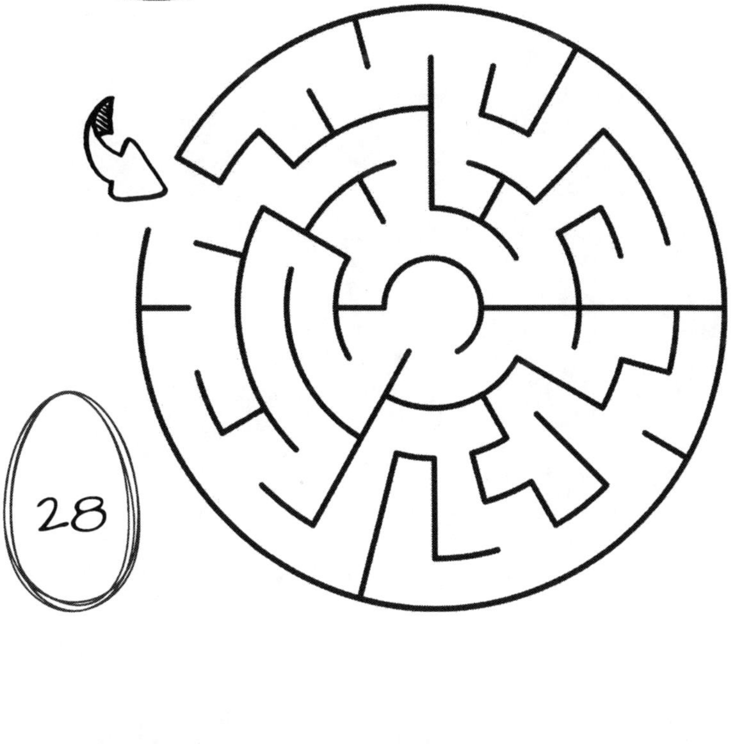
28

29

30

31

32

33

34

35

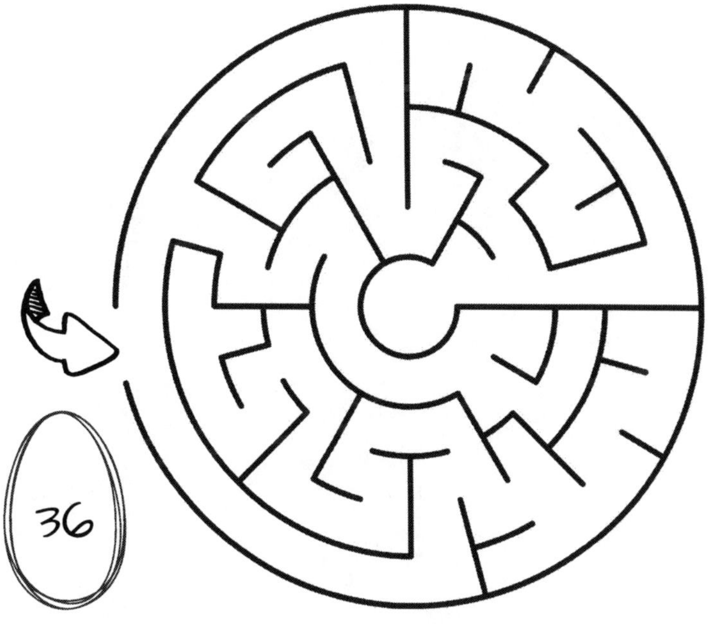

36

37

38

39

40

41

42

43

44

45

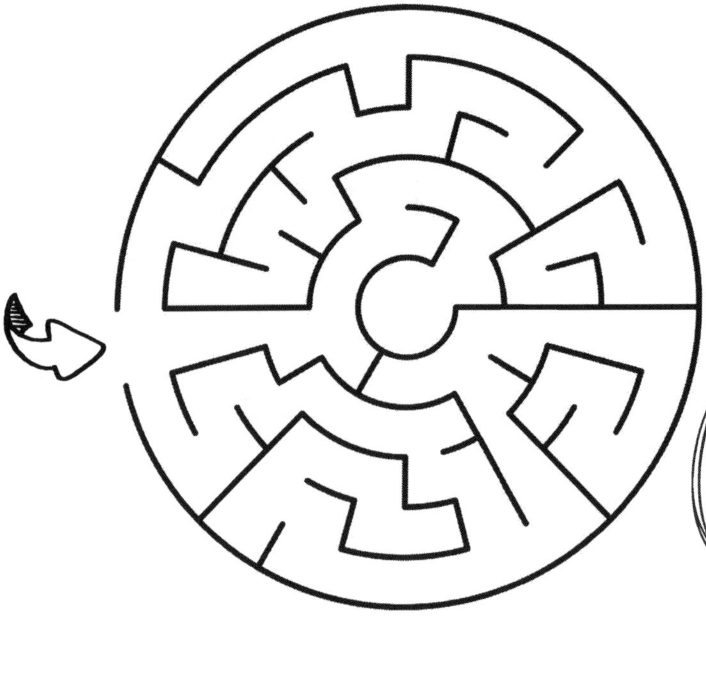

46

47

48

49

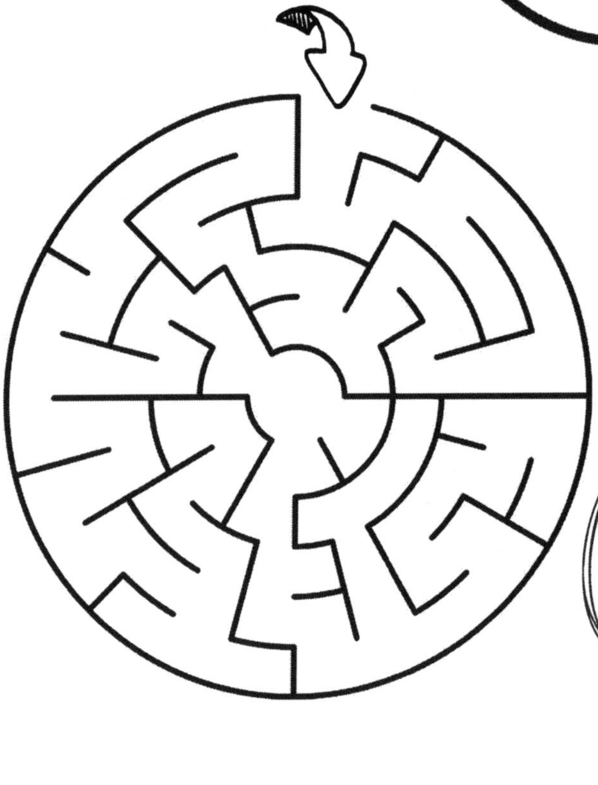

50

EASTER

MAZES

LEVEL MEDIUM

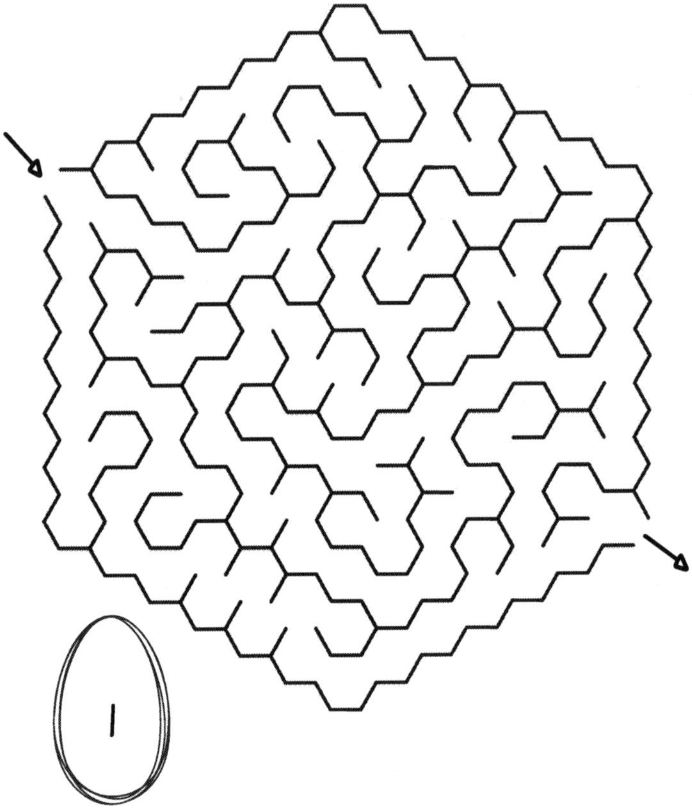
1

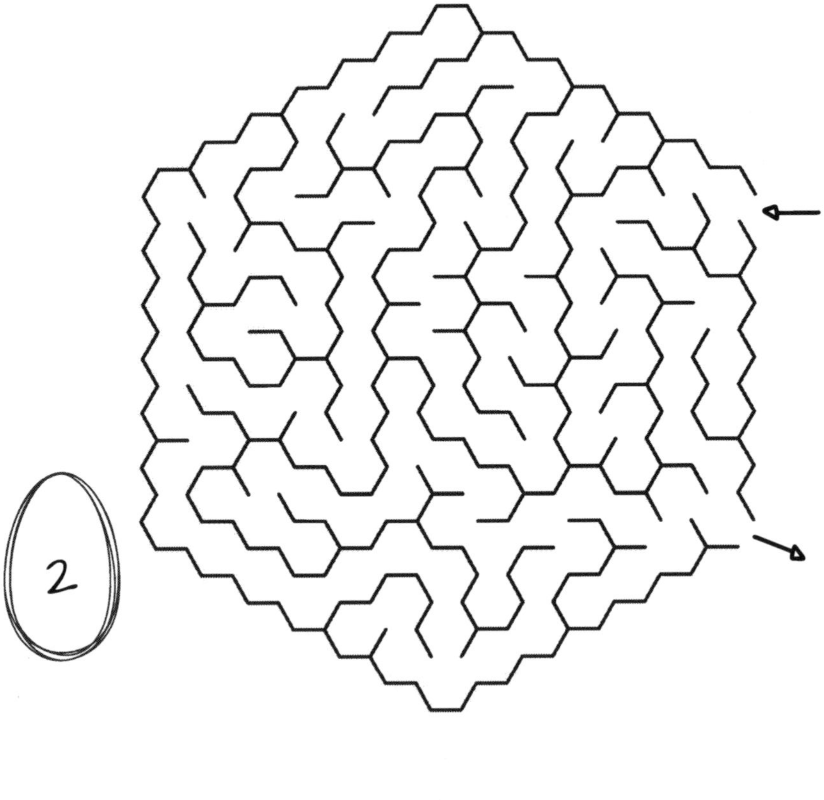
2

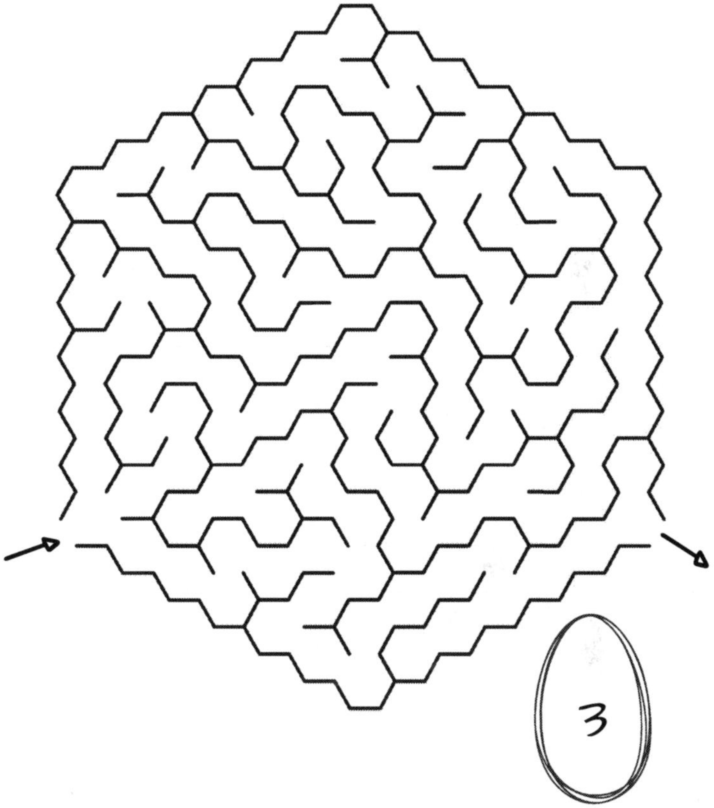
3

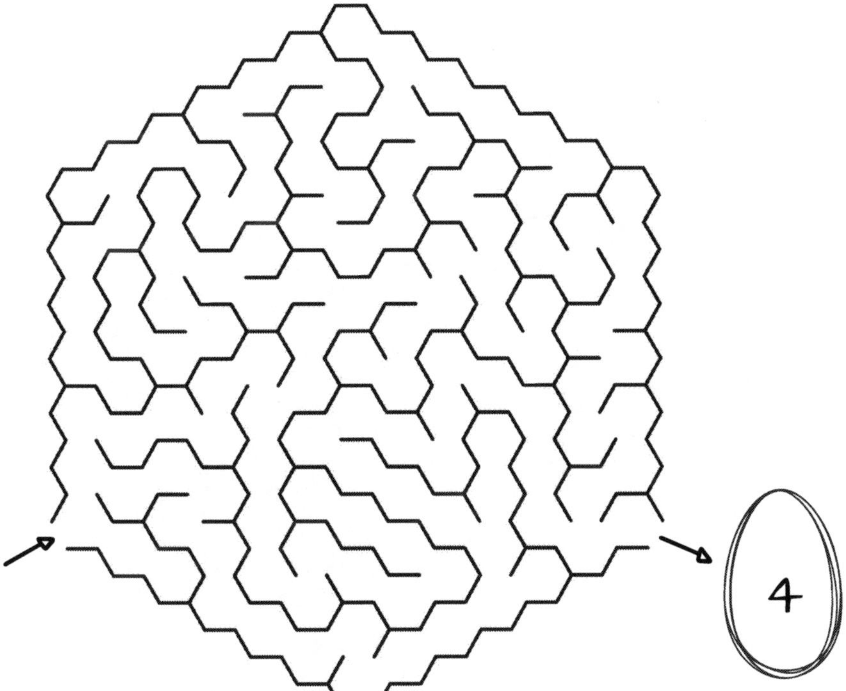
4

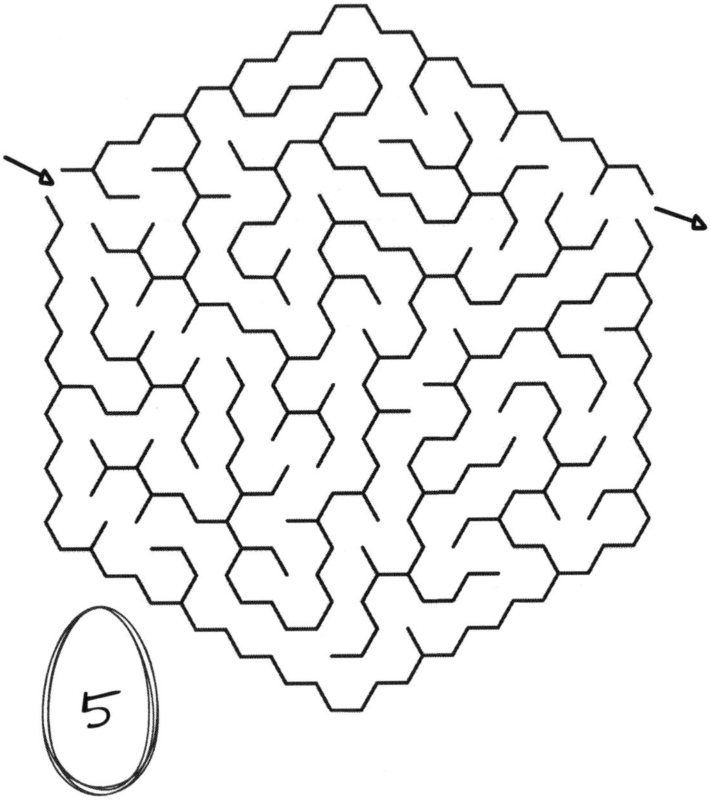
5

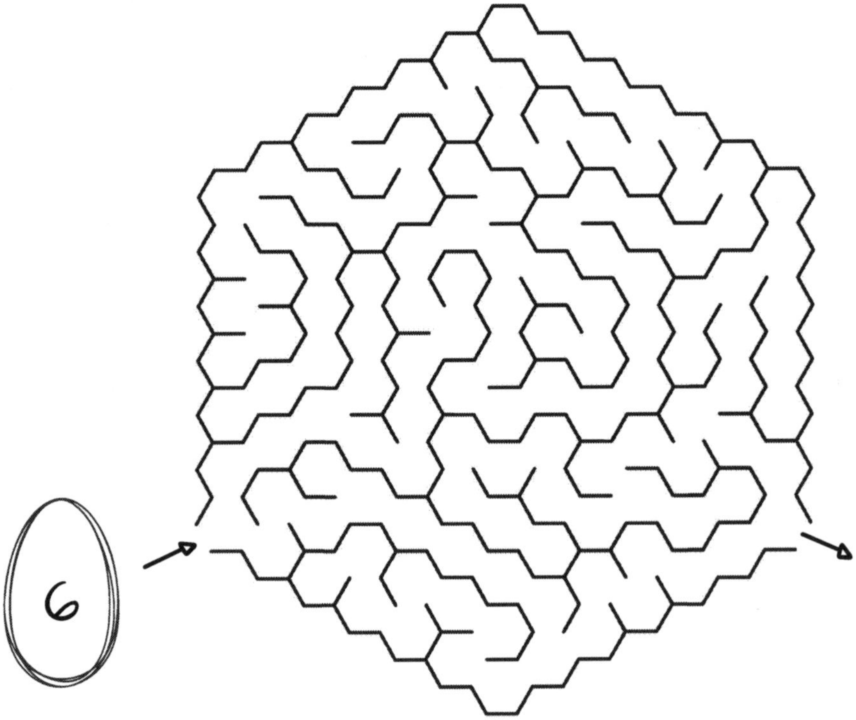
6

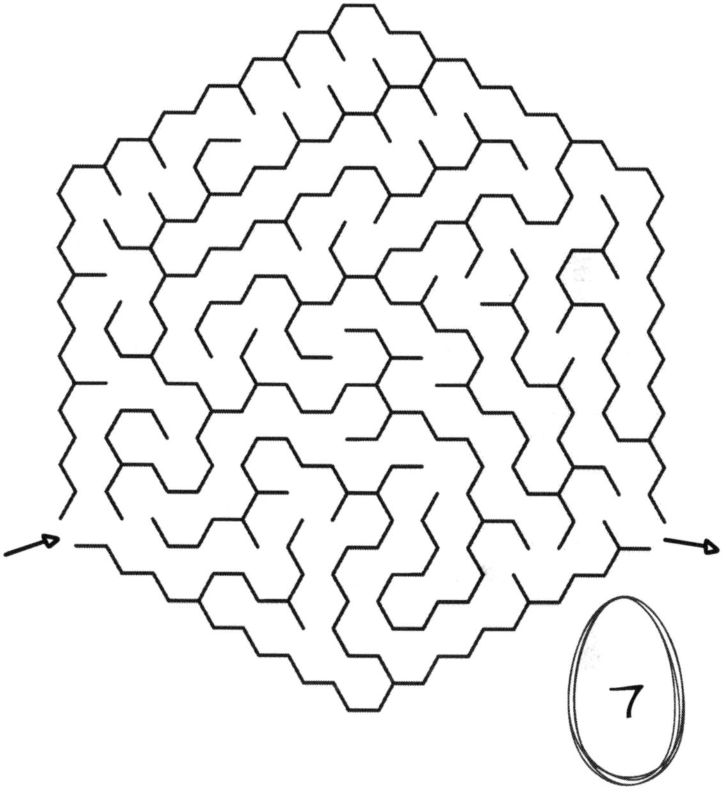
7

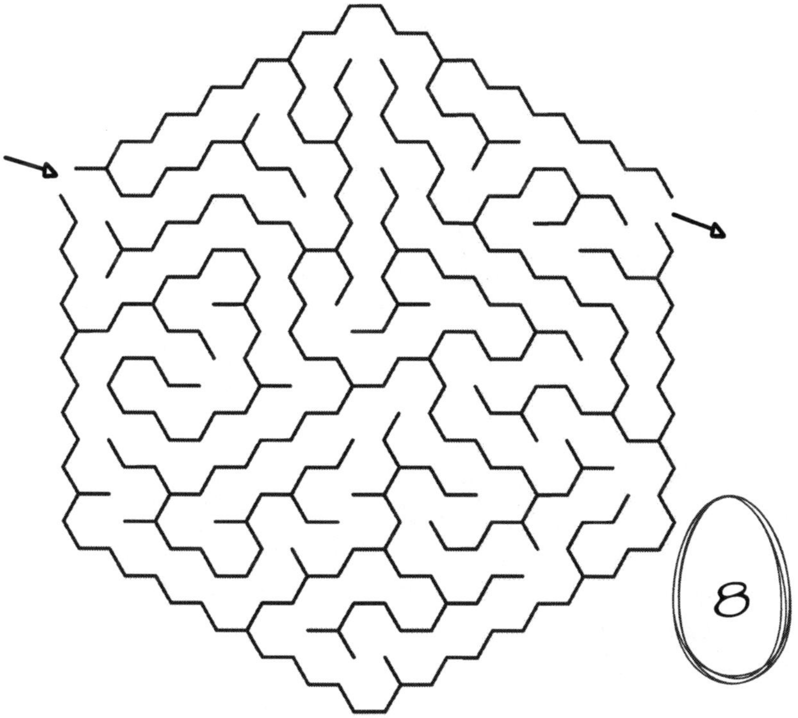
8

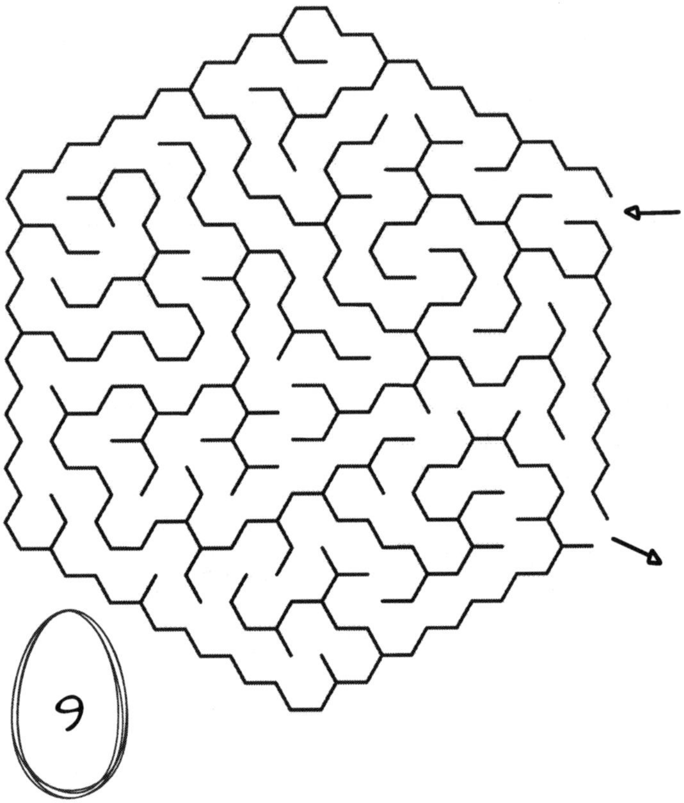
9

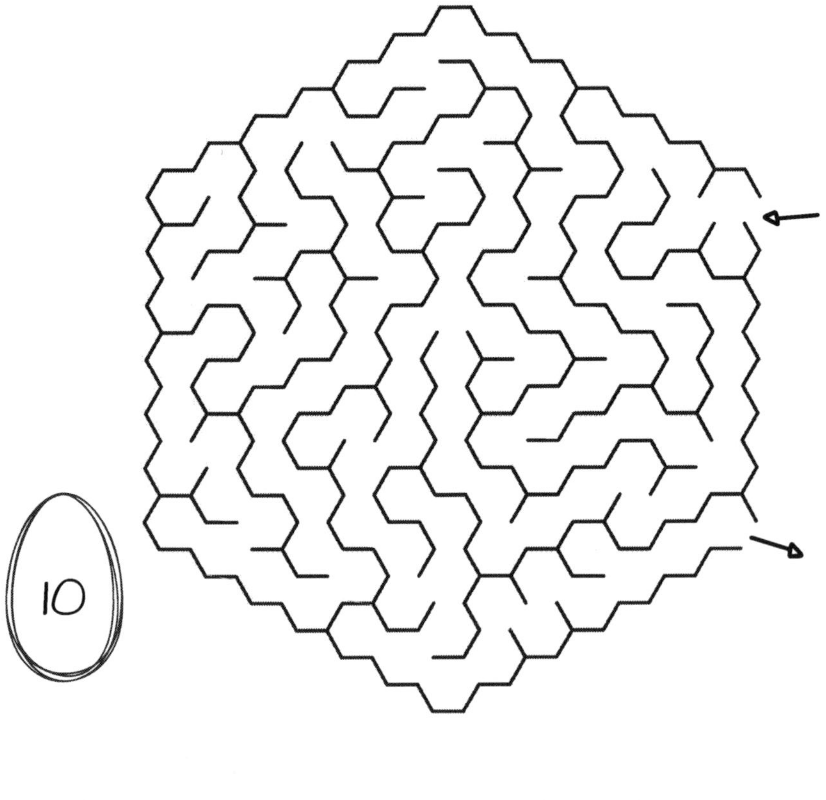
10

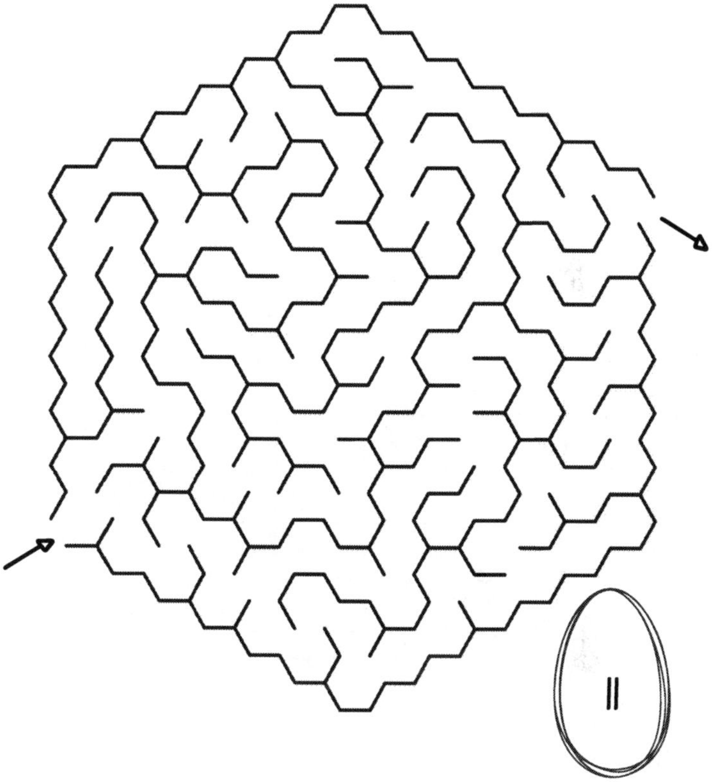
11

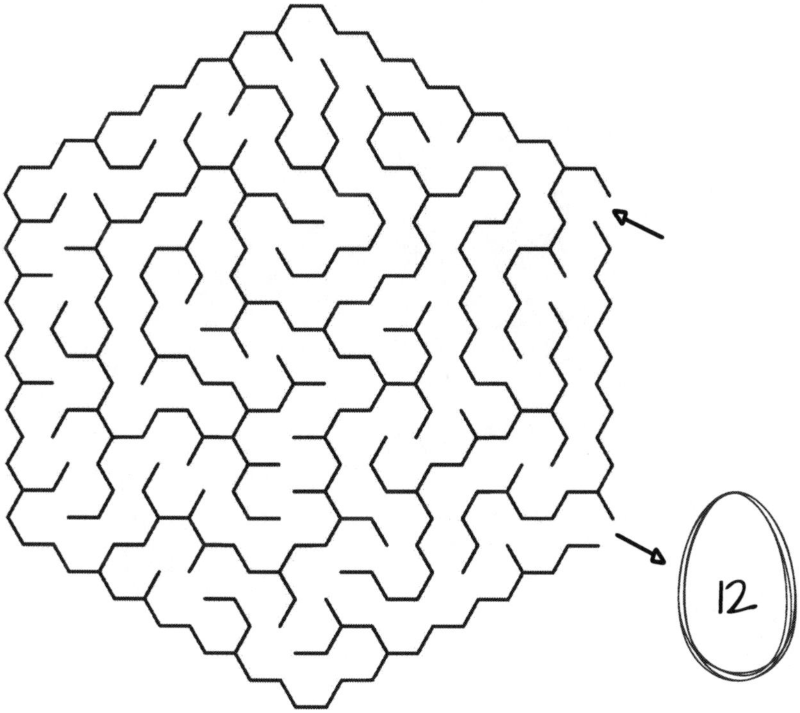
12

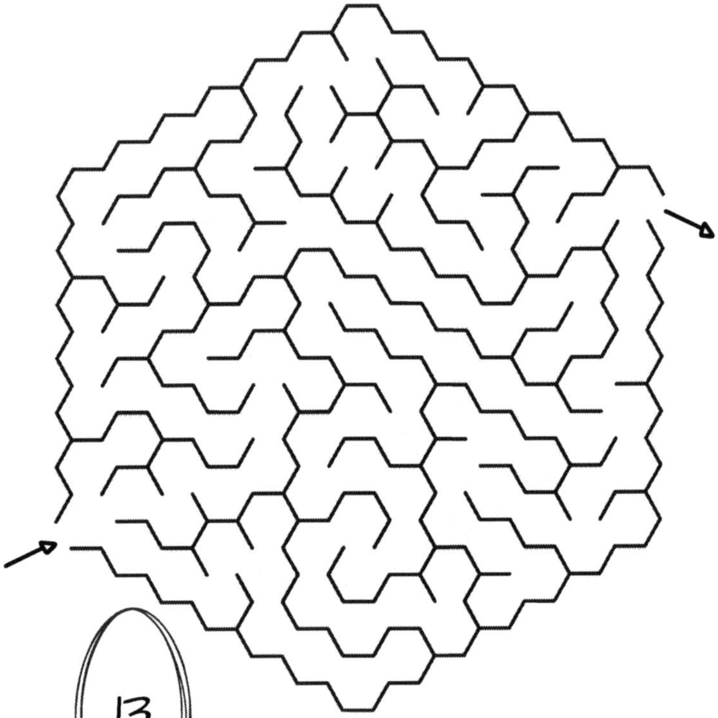

13

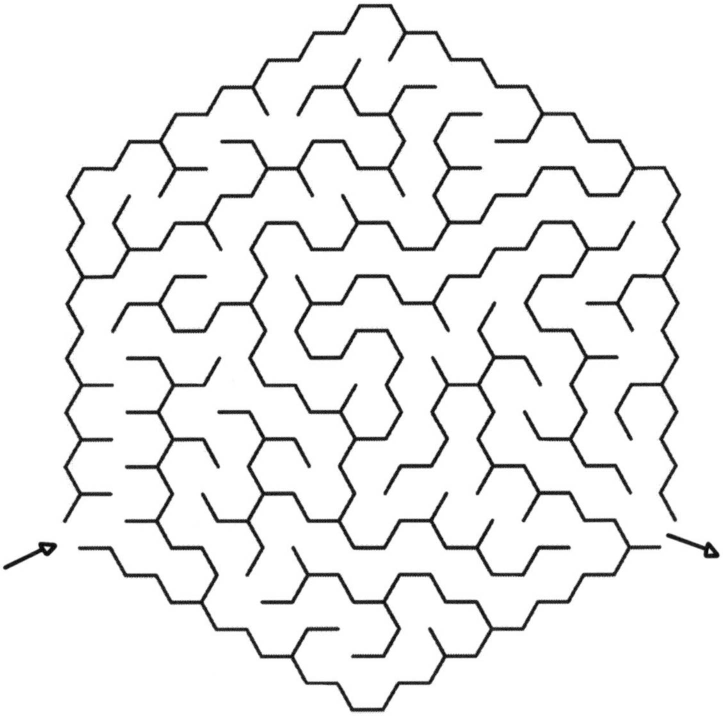

14

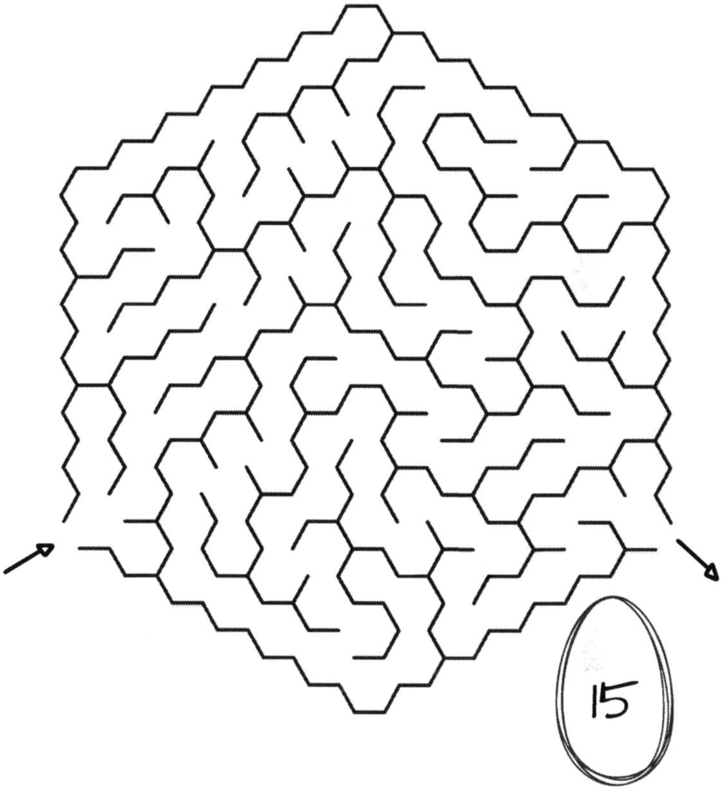
15

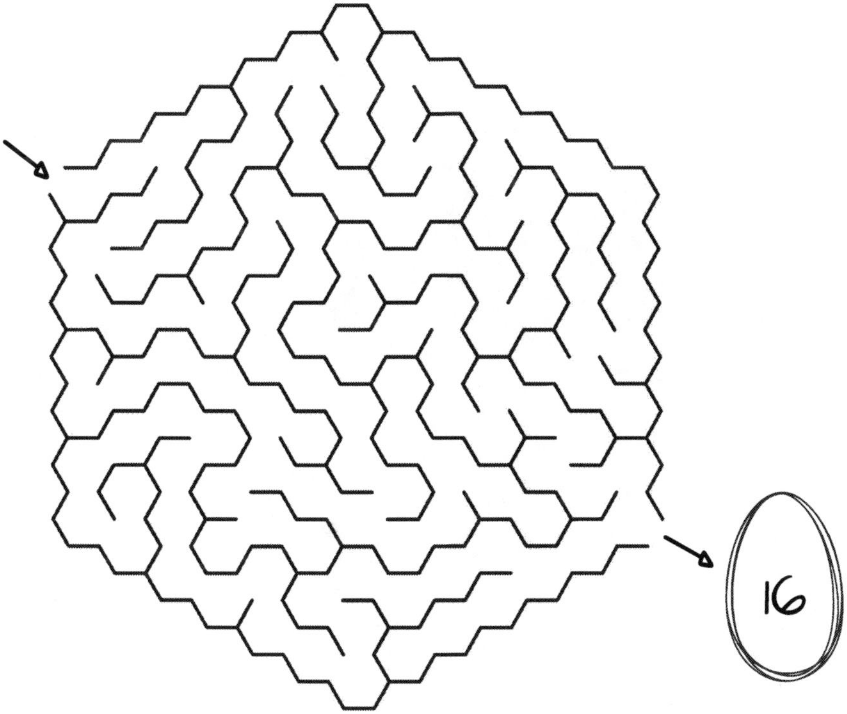
16

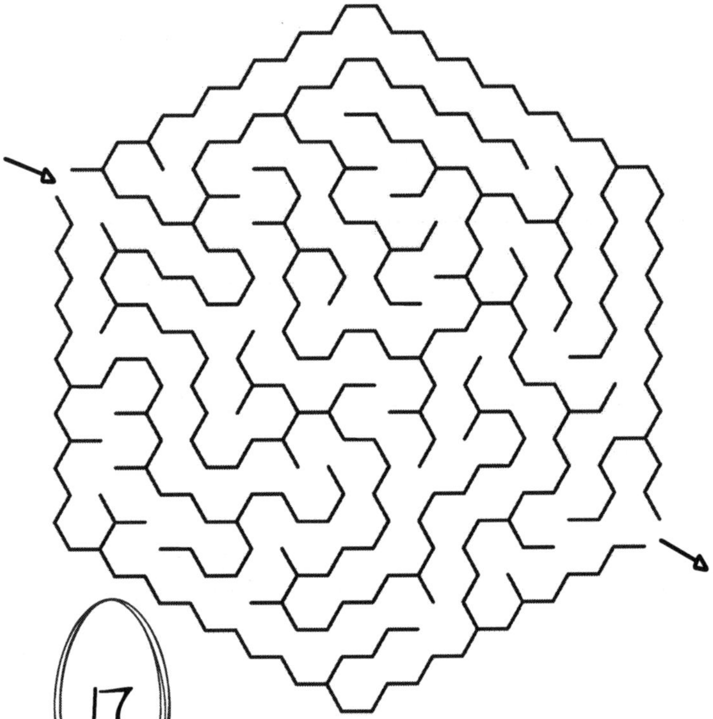

17

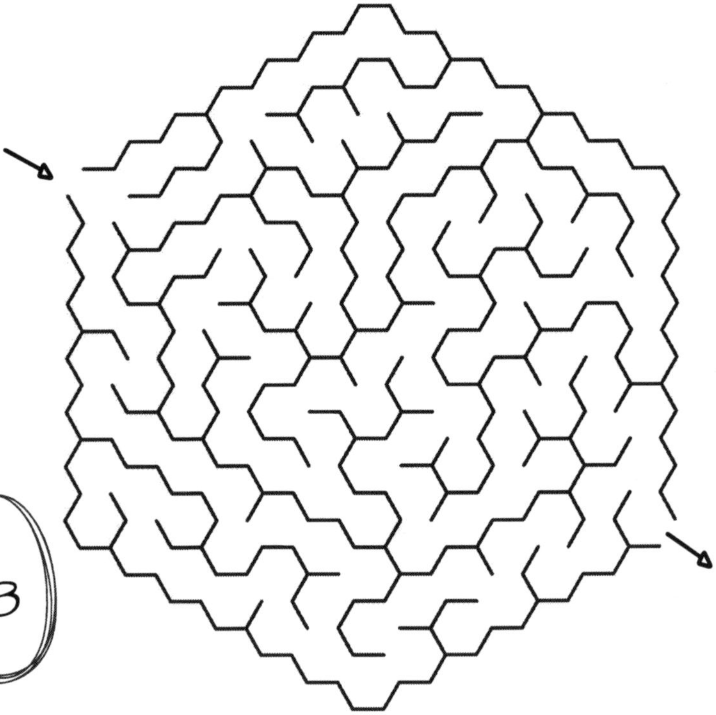

18

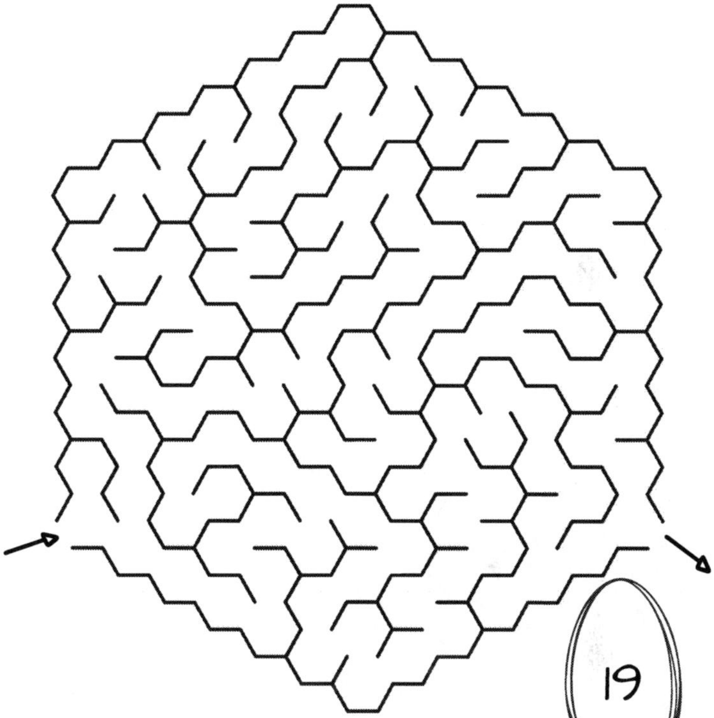

19

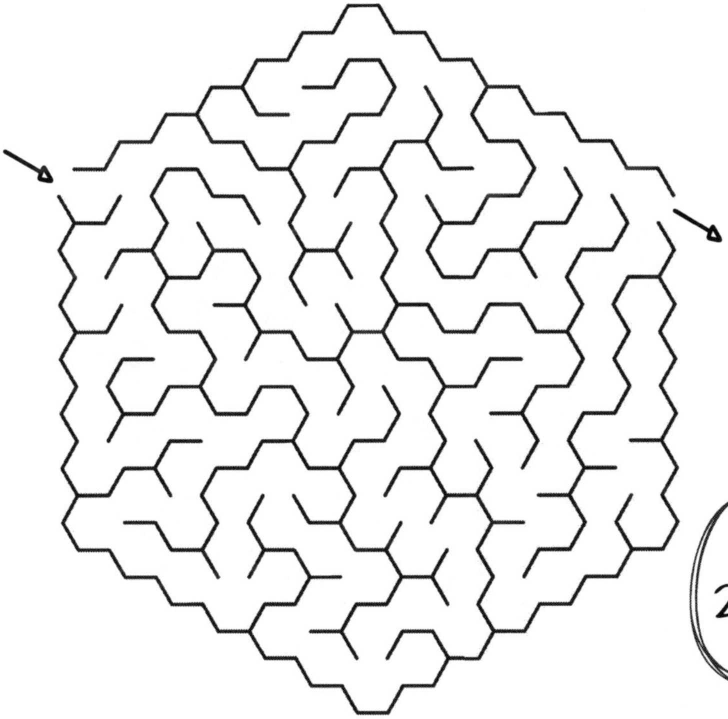

20

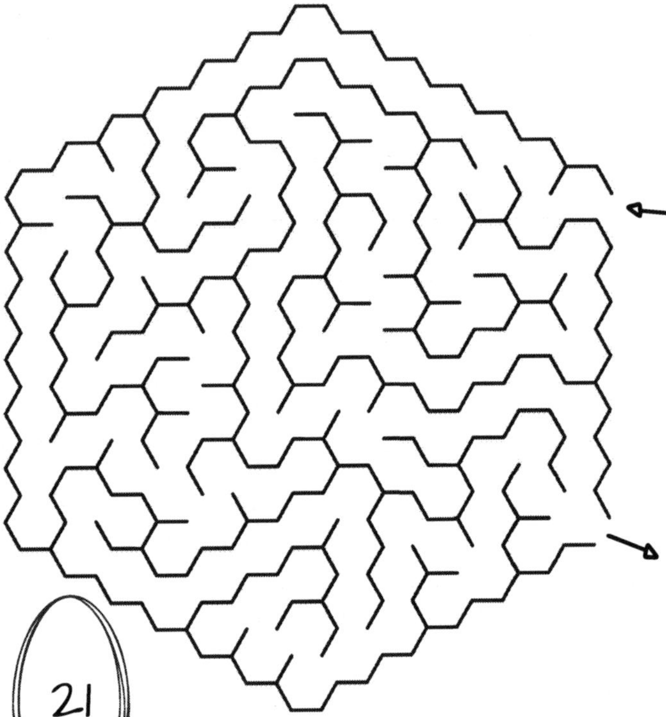

21

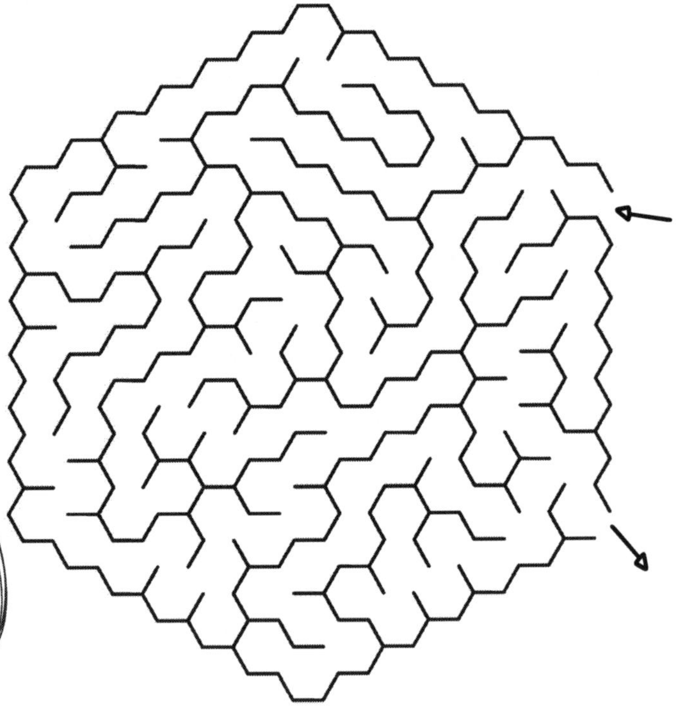

22

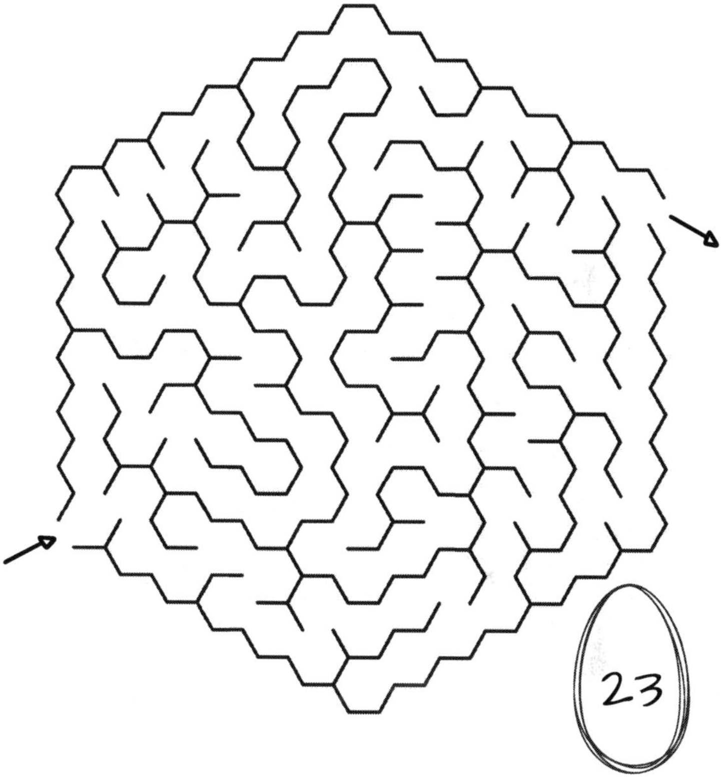
23

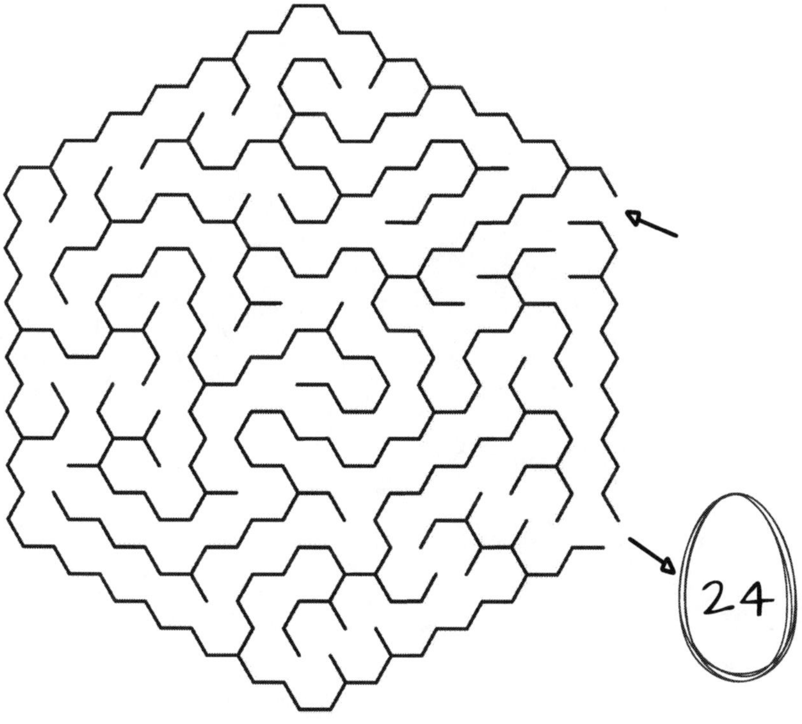
24

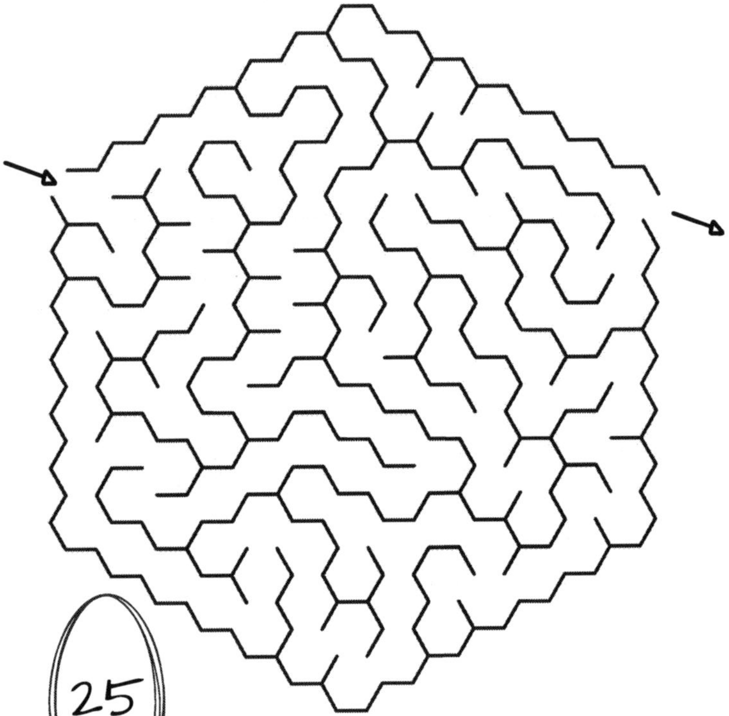

25

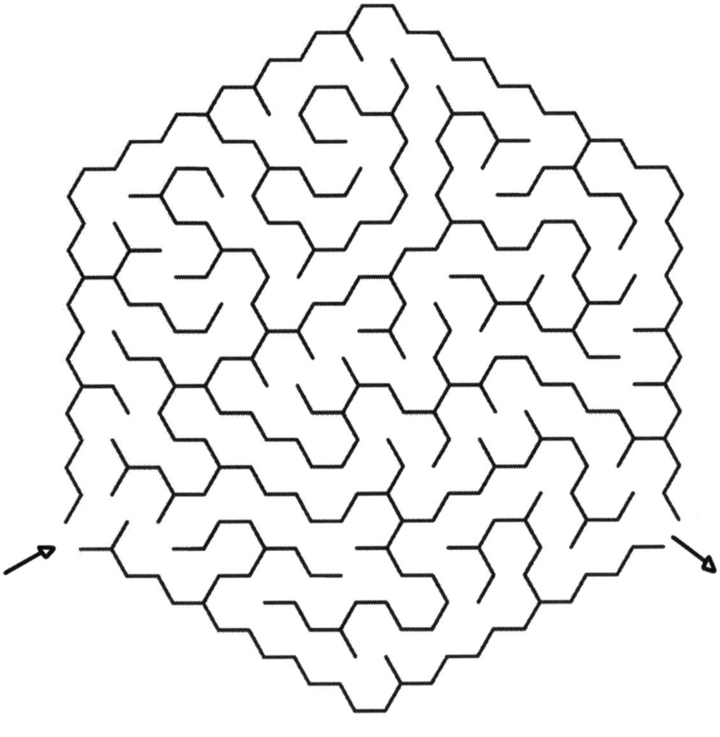

26

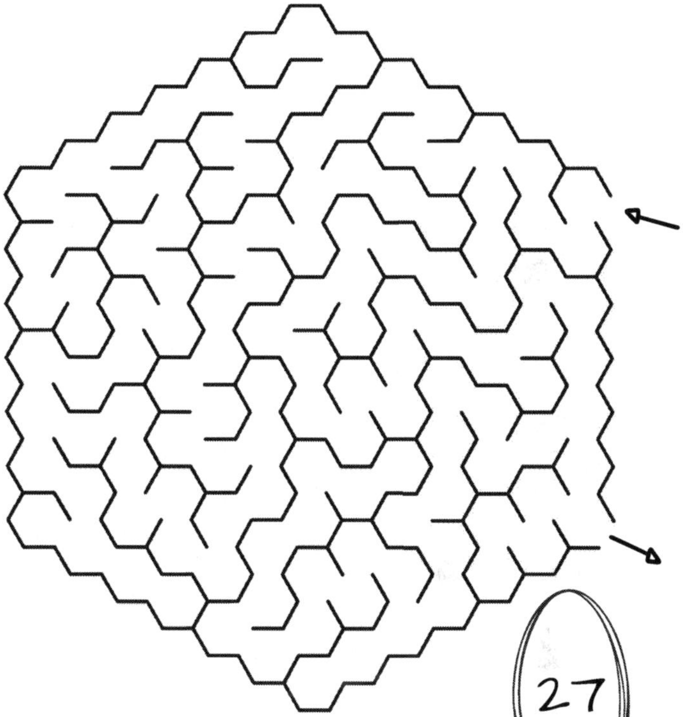

27

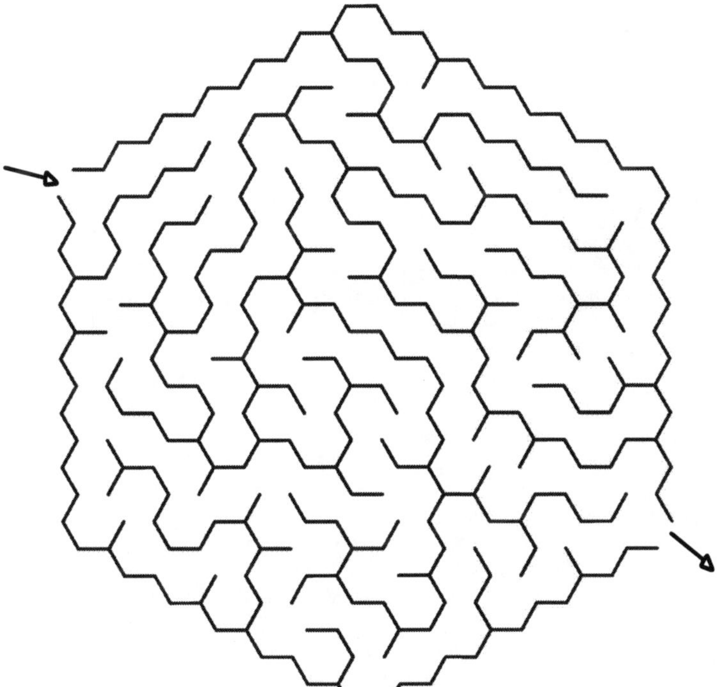

28

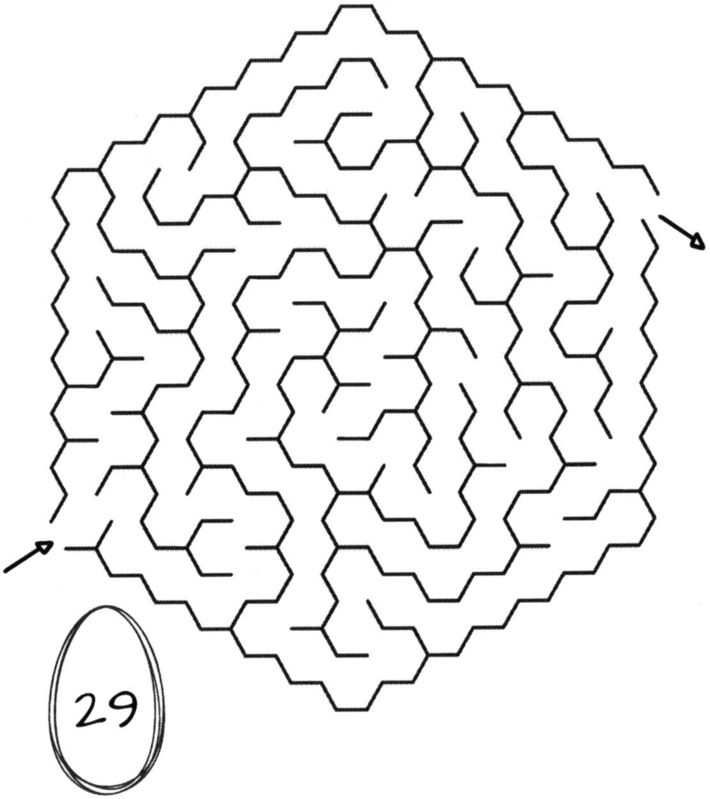
29

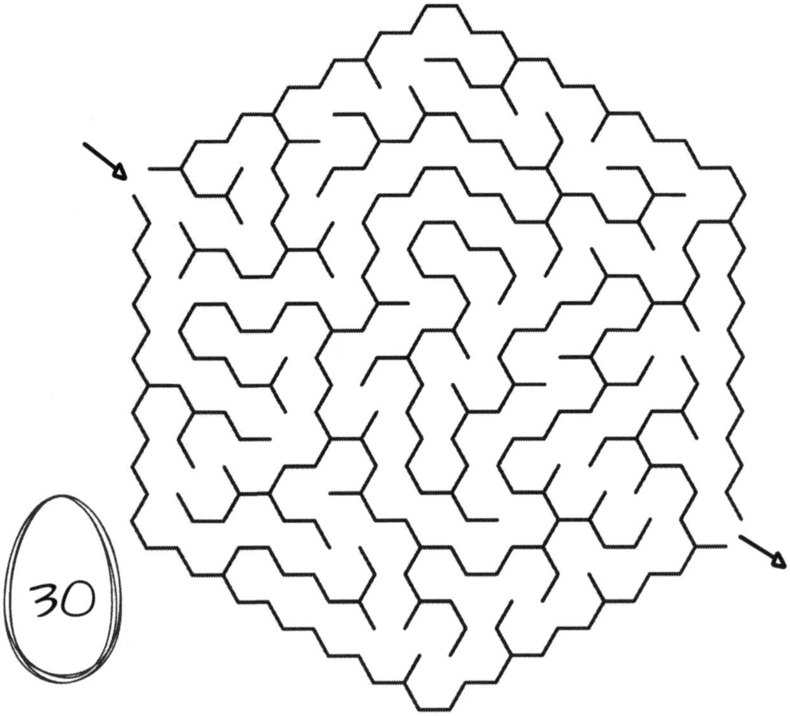
30

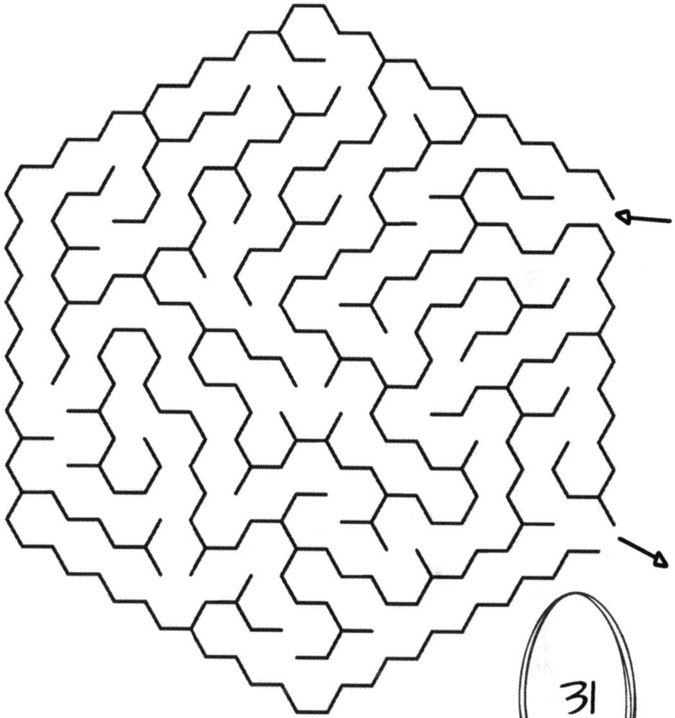

31

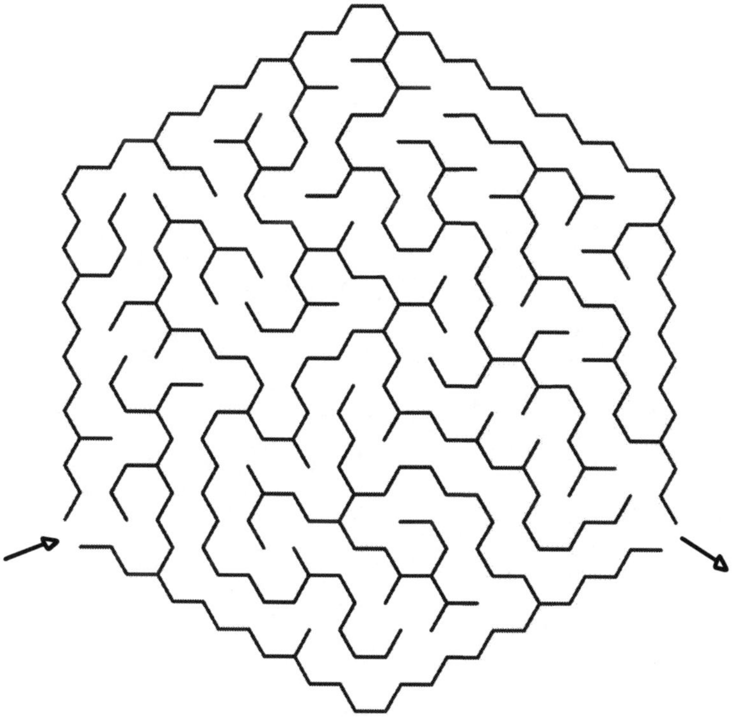

32

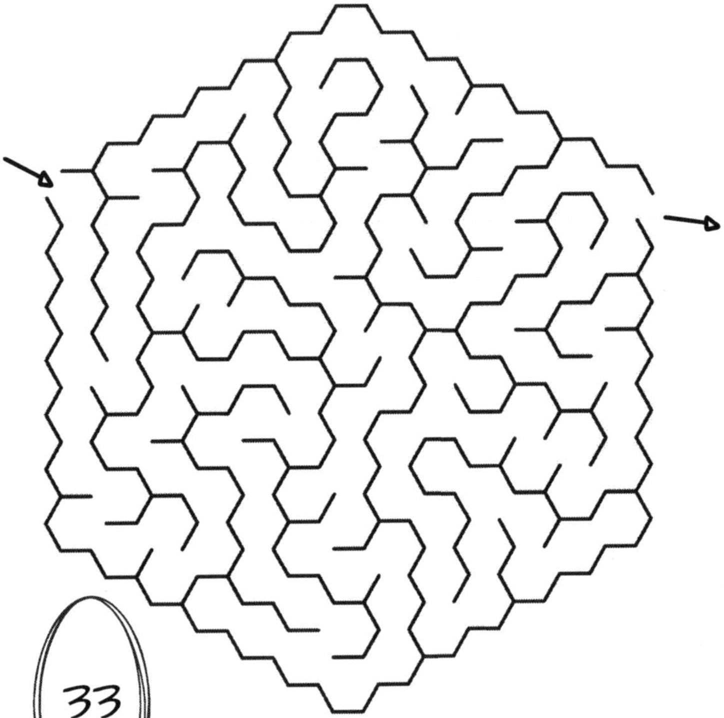

33

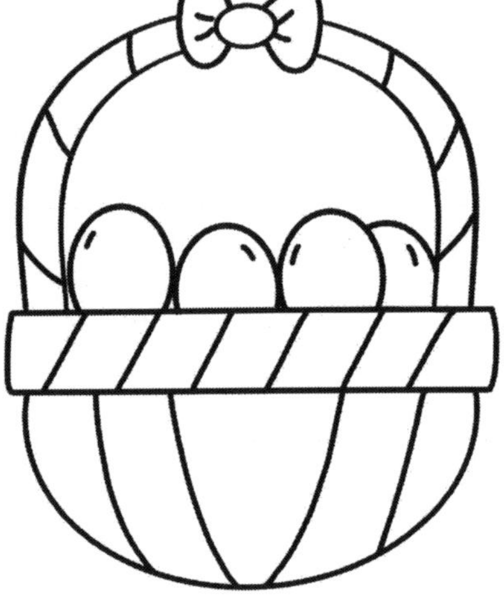

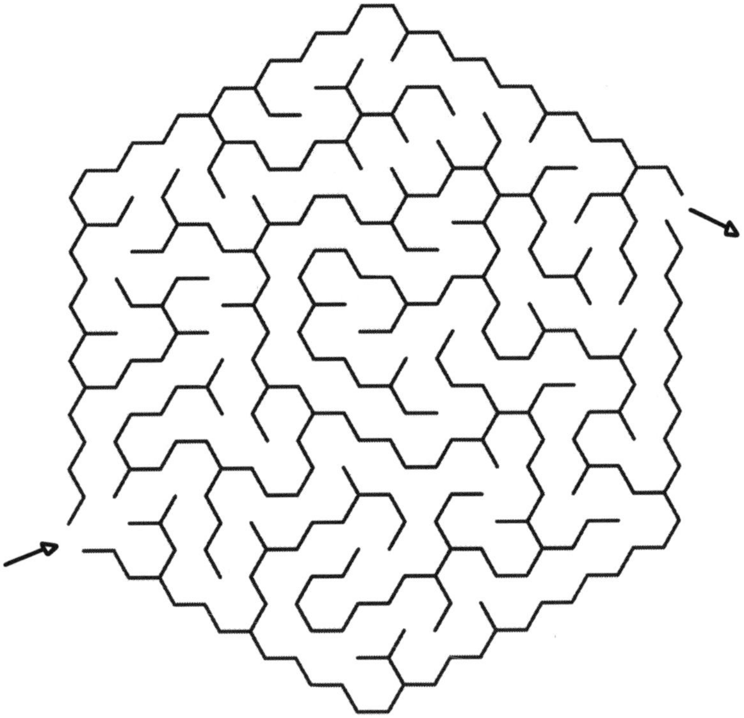

34

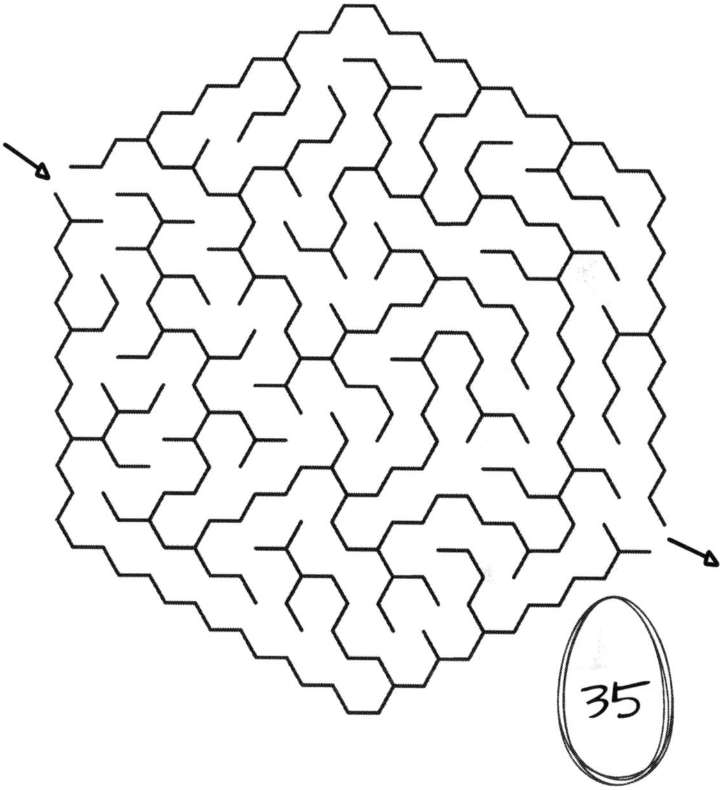
35

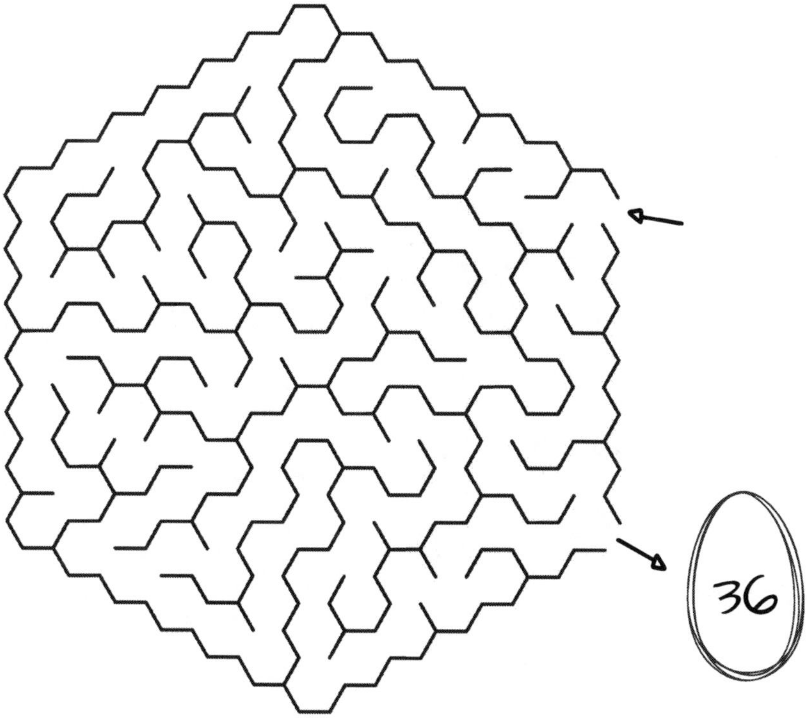
36

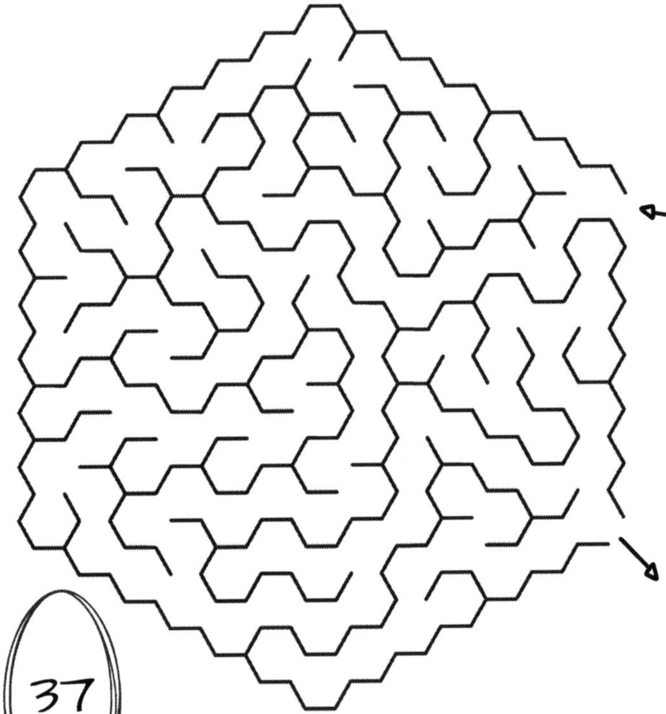

37

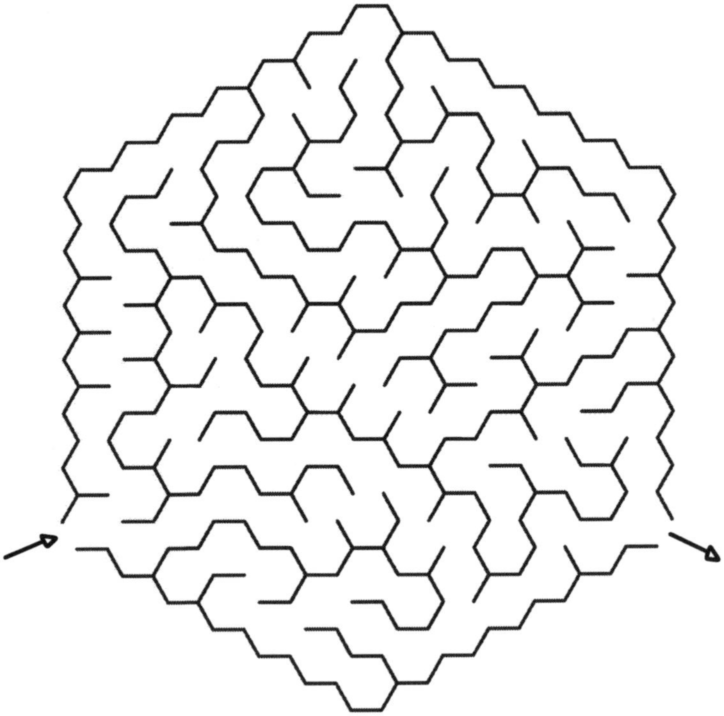

38

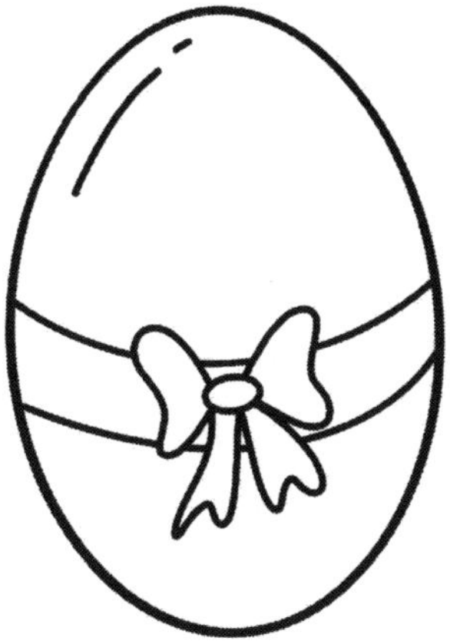

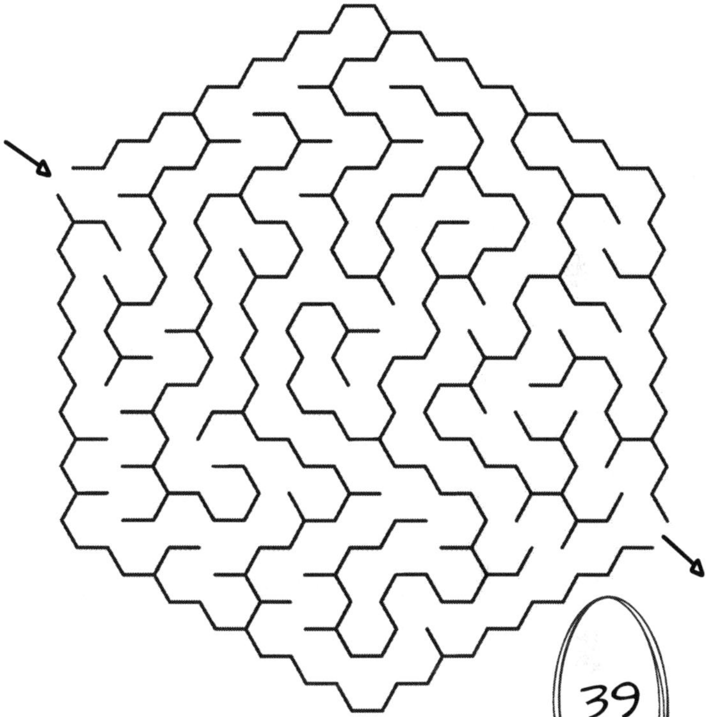

39

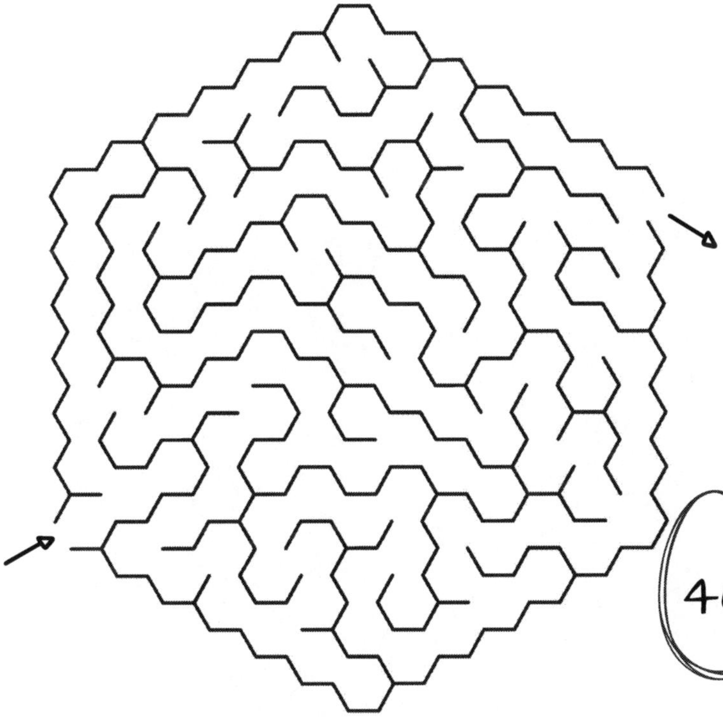

40

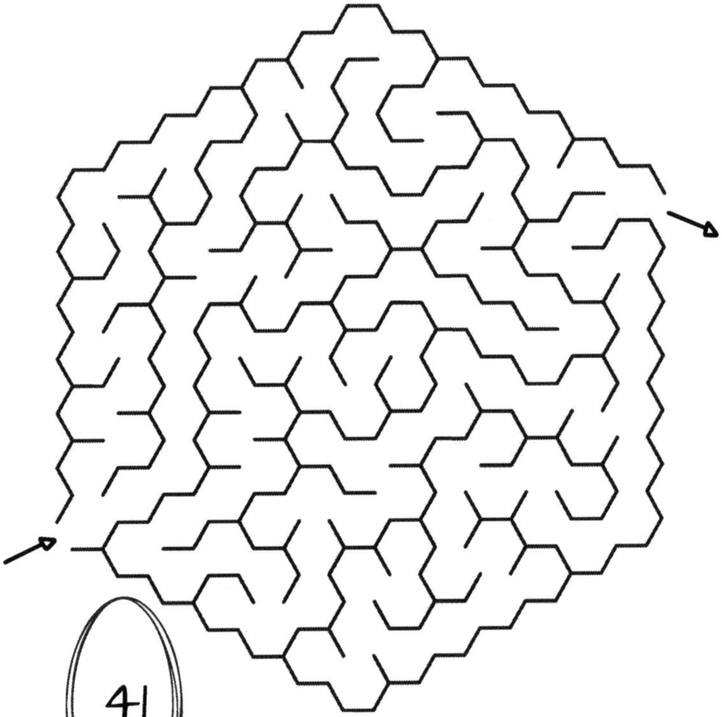

41

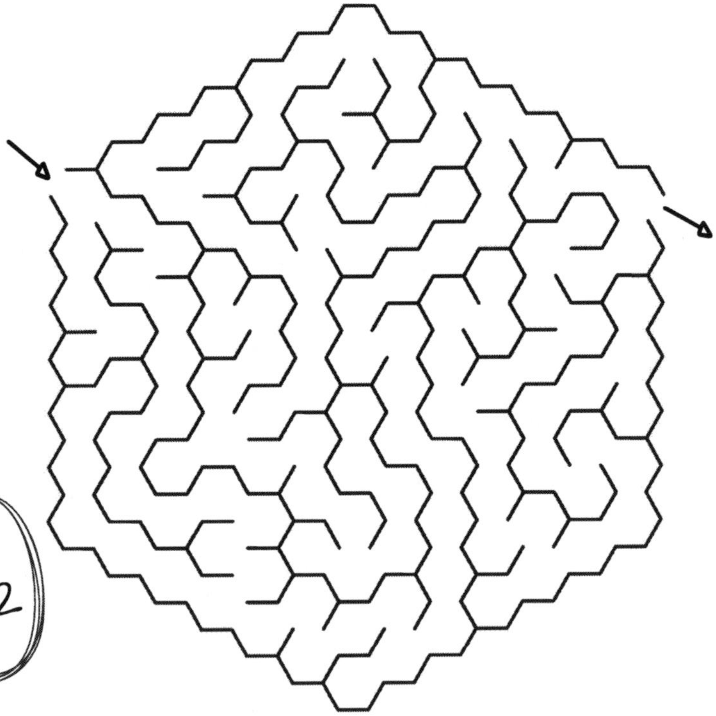

42

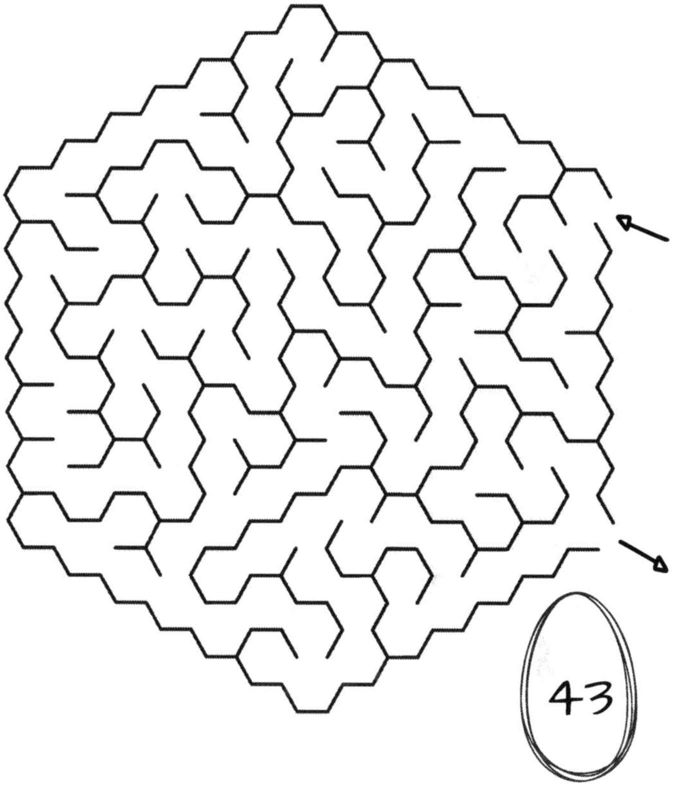
43

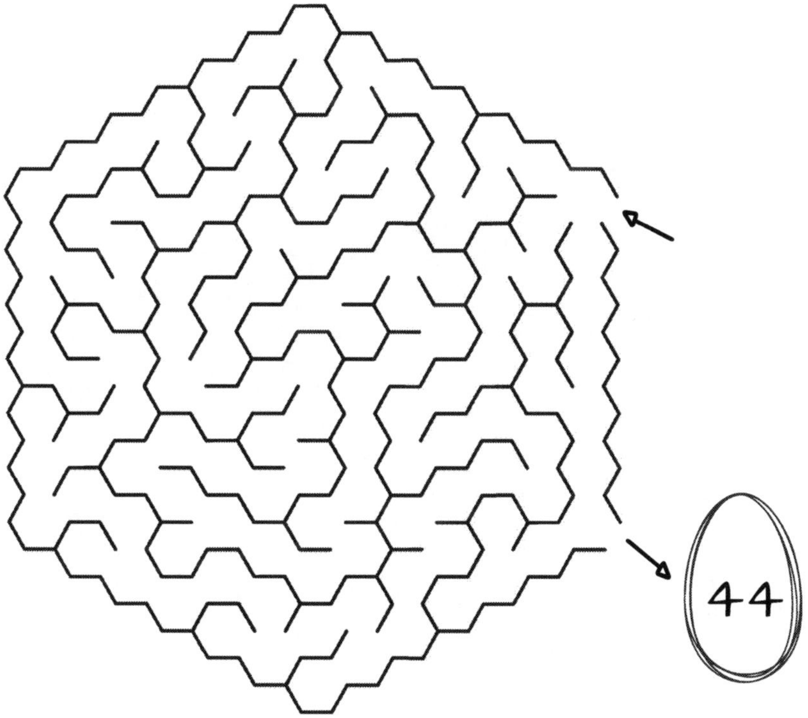
44

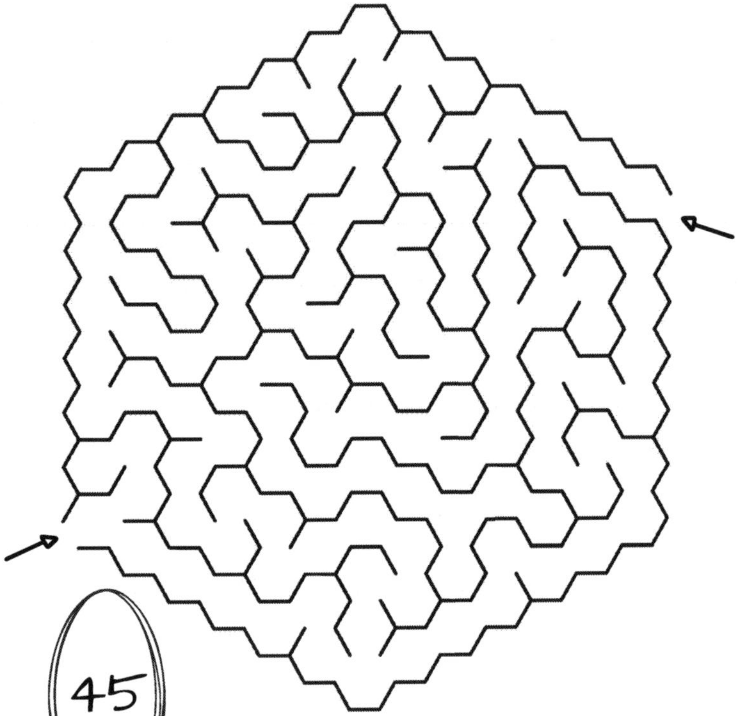

45

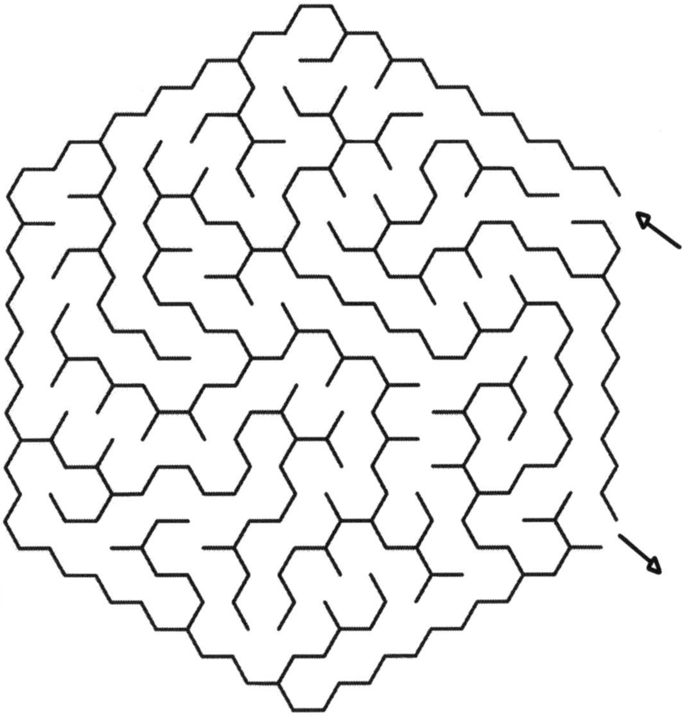

46

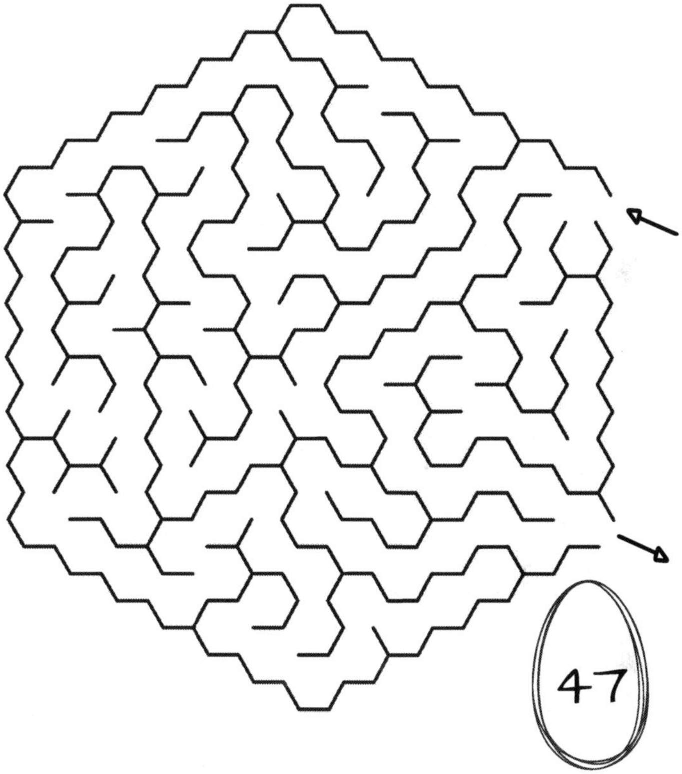
47

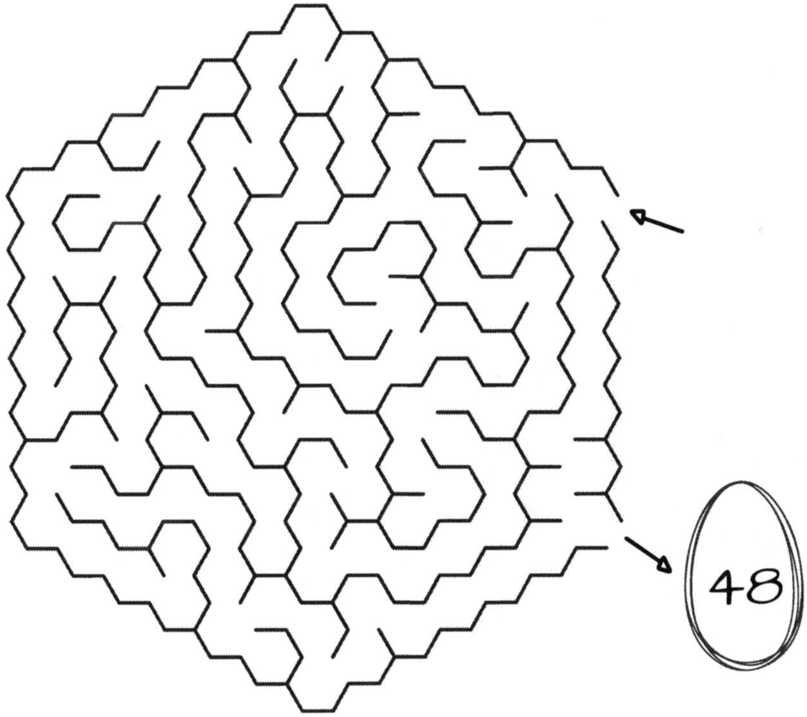
48

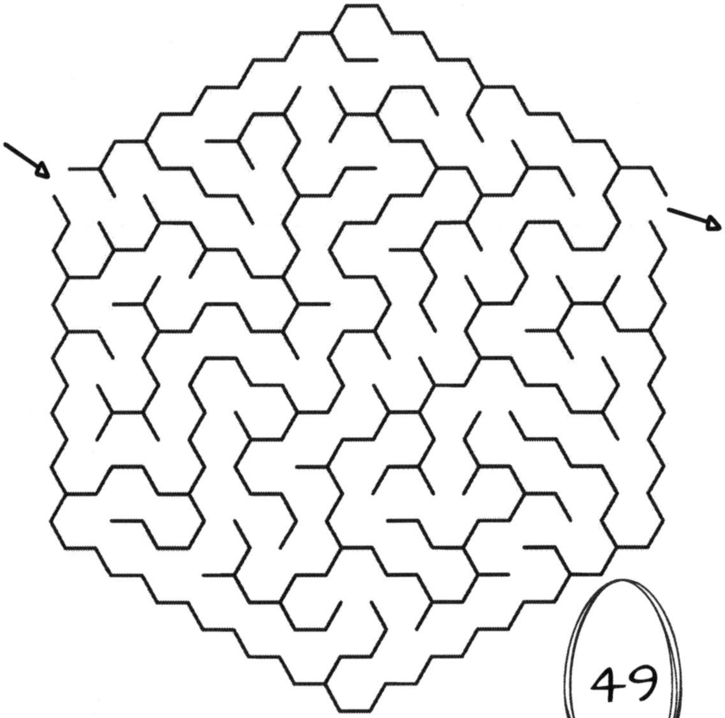

49

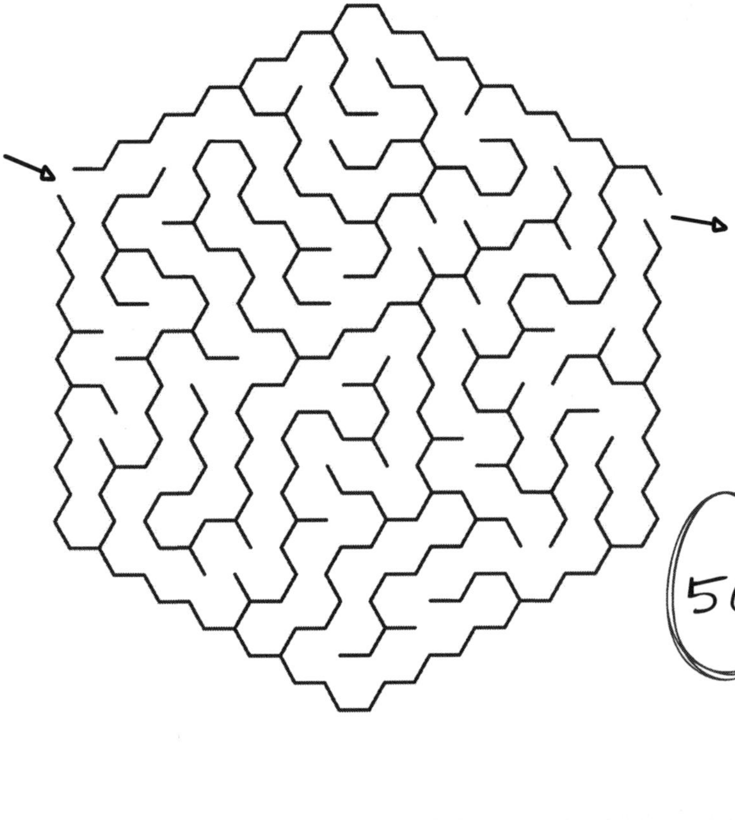

50

EASTER
MAZES
LEVEL HARD

1

Happy Easter

2

3

4

5

6

7

8

9

10

11

12

14

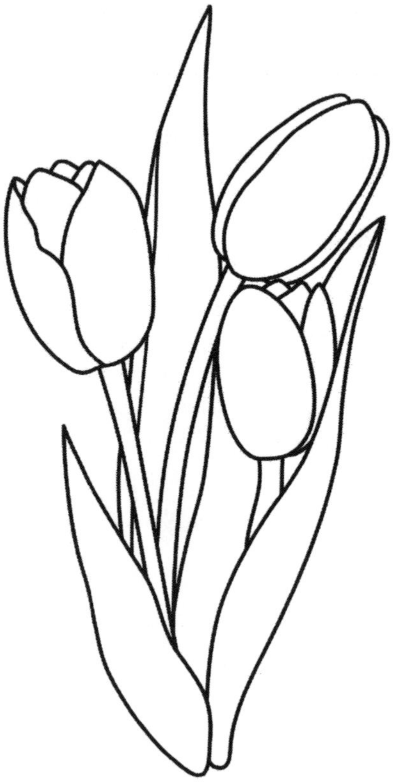

18

EASTER

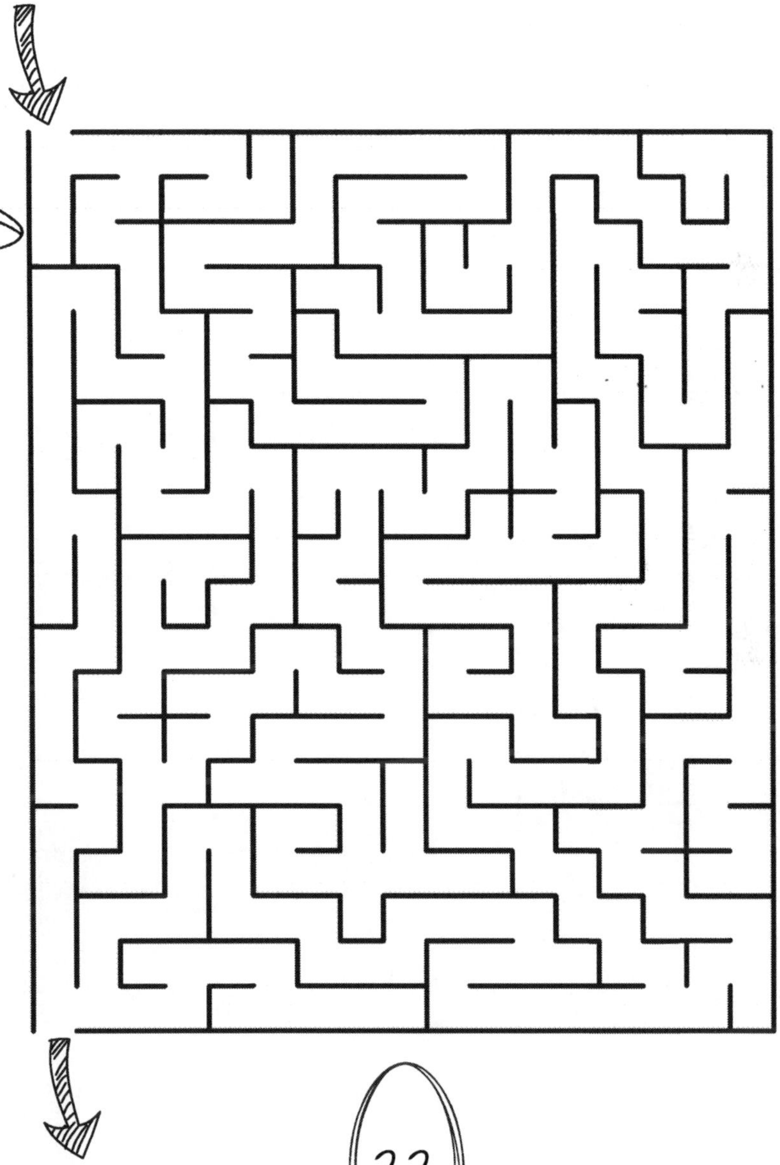

22

25

32

36

44

45

50

SOLUTIONS
MAZES
LEVEL EASY
EASTER

1

2

3

4

5

6

7

8

9

10

11

12

13

14

15

16

17

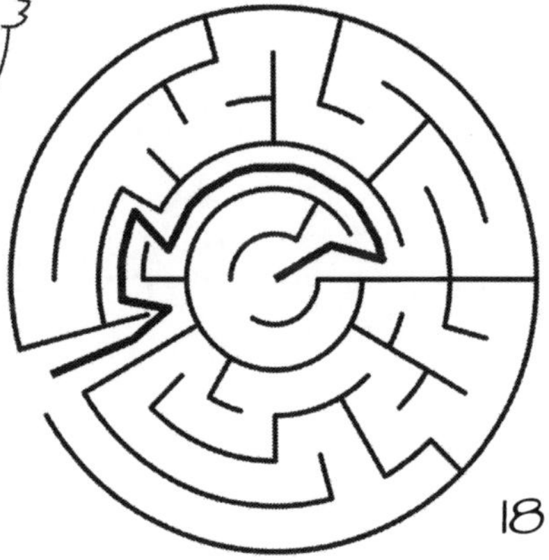

18

19

20

21

22

23

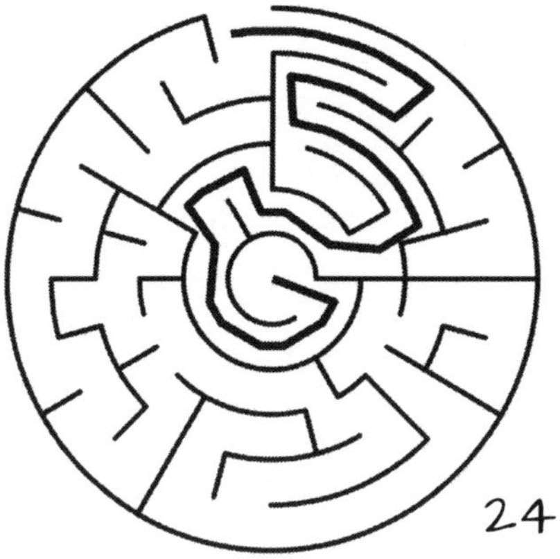

24

25

26

27

28

29

30

31

32

33

34

35

36

37

38

39

40

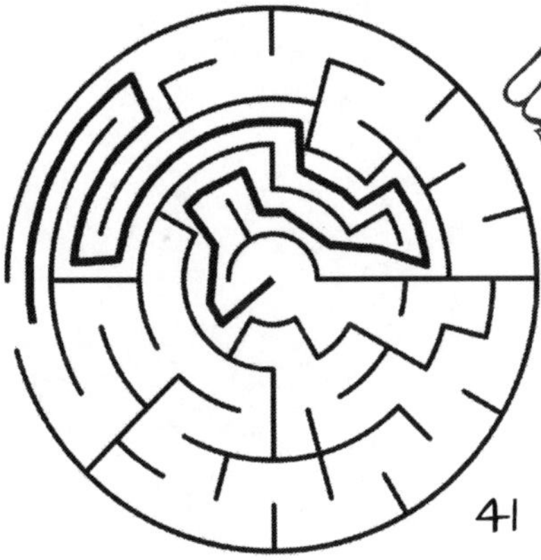

41

42

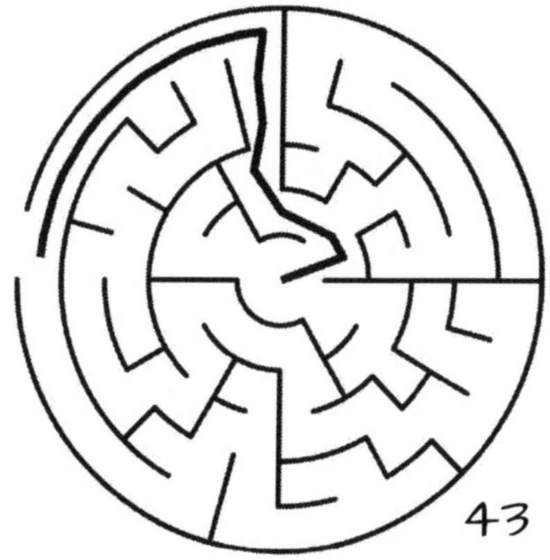

43

44

45

46

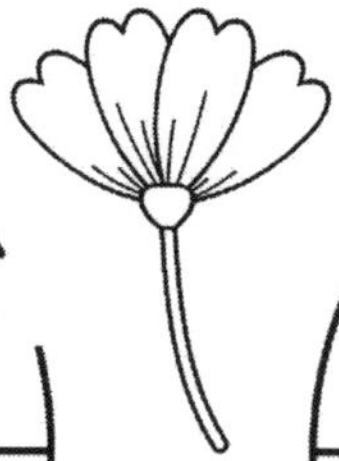

47

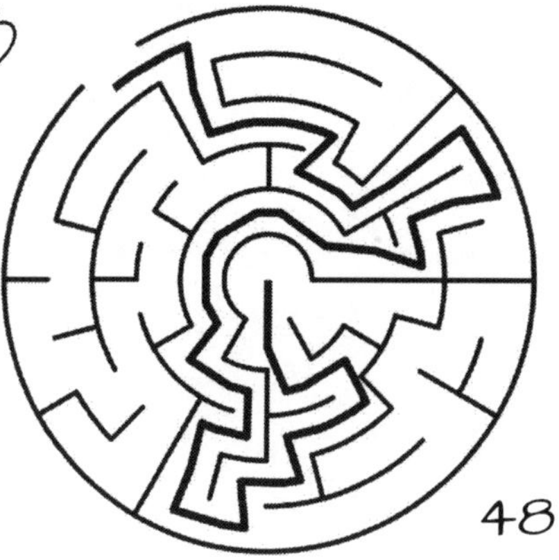

48

49

50

SOLUTIONS
MAZES
LEVEL MEDIUM
EASTER

1

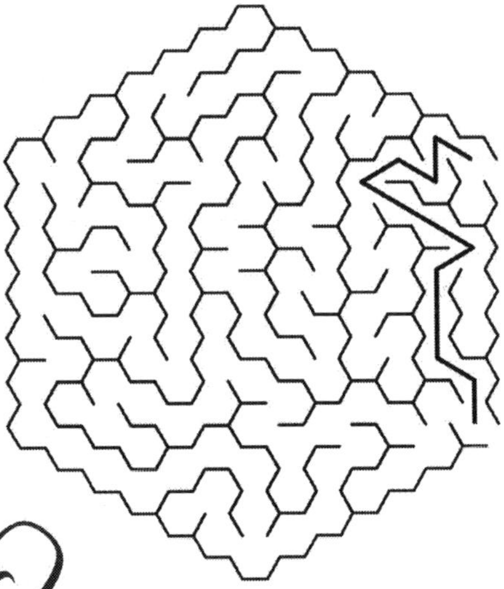

2

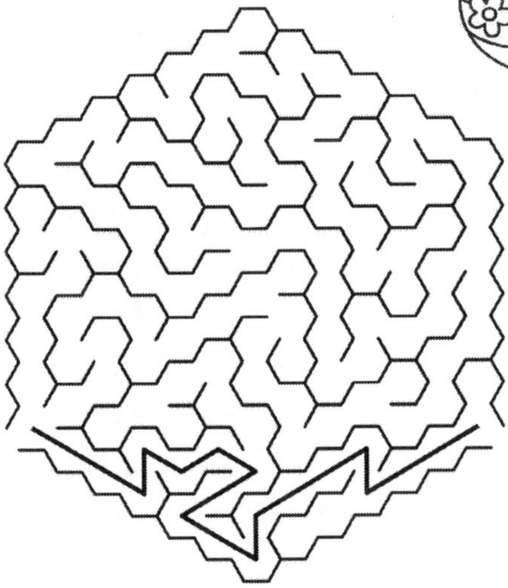

3

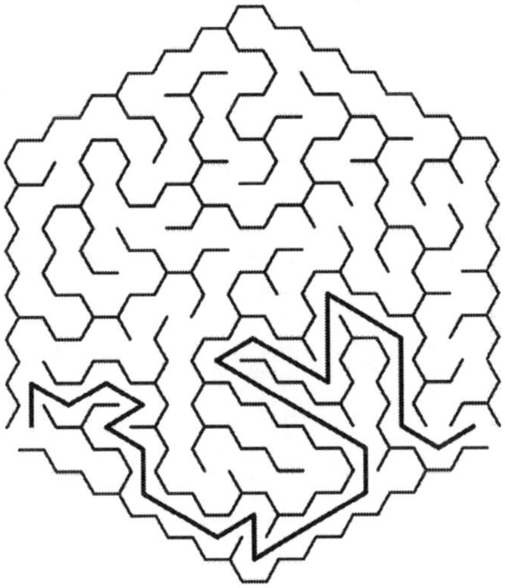

4

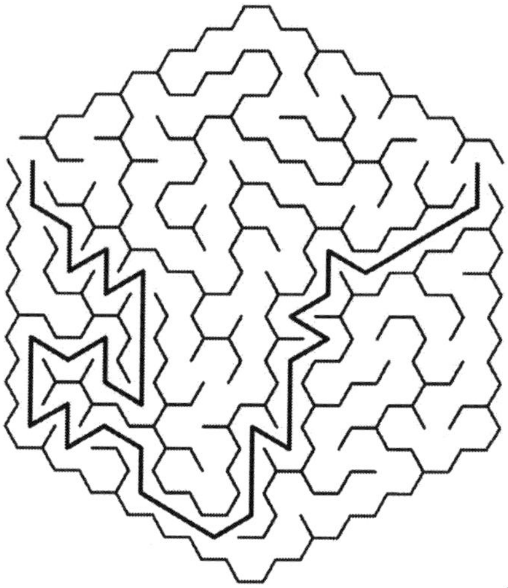

5

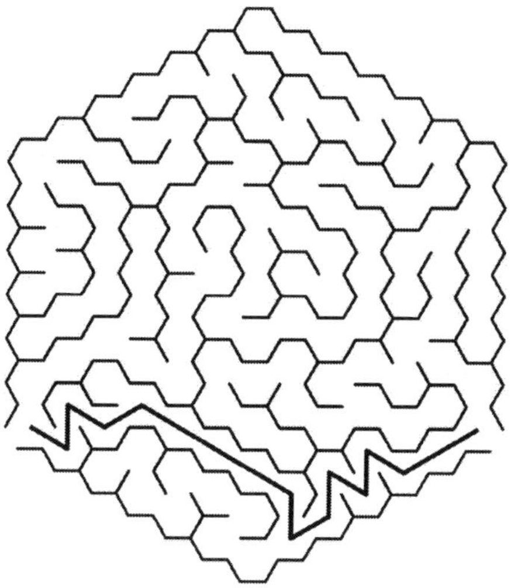

6

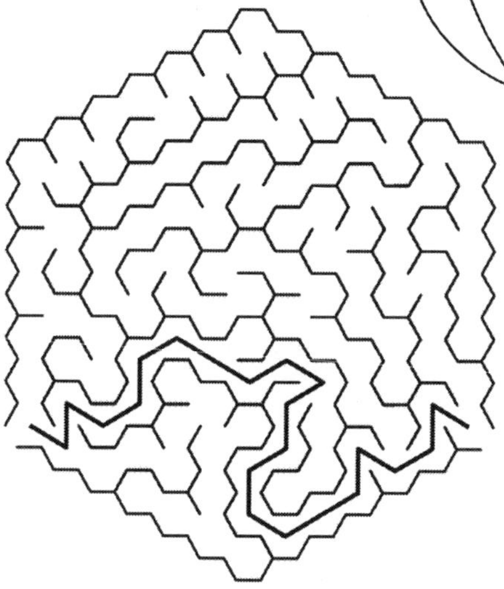

7

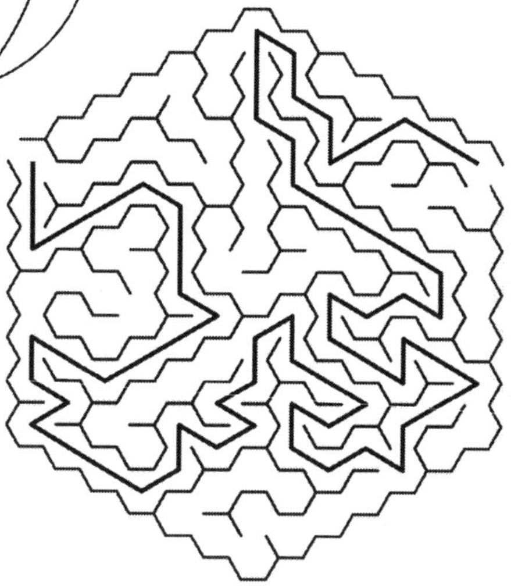

8

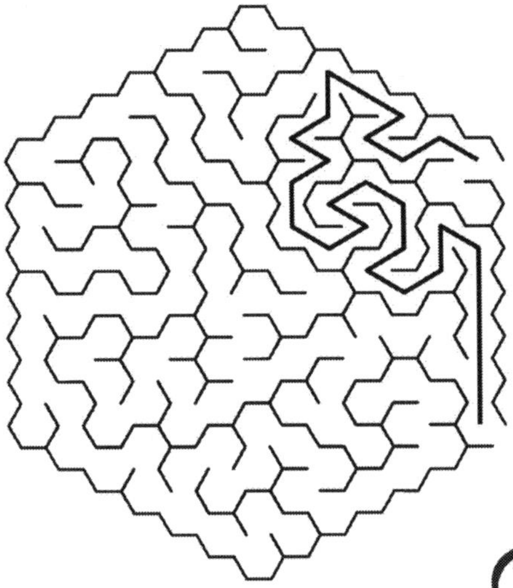

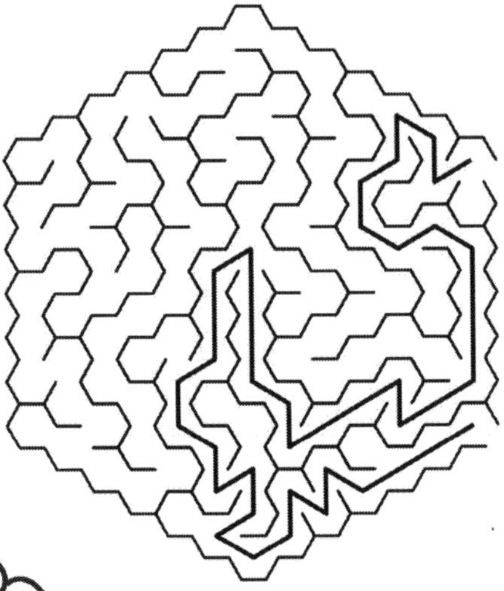

9

10

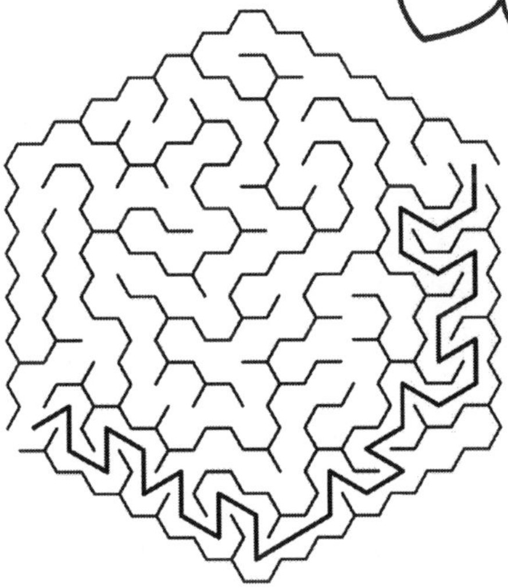

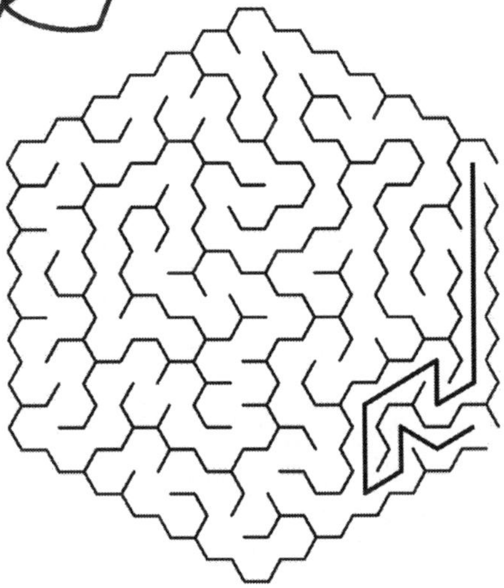

11

12

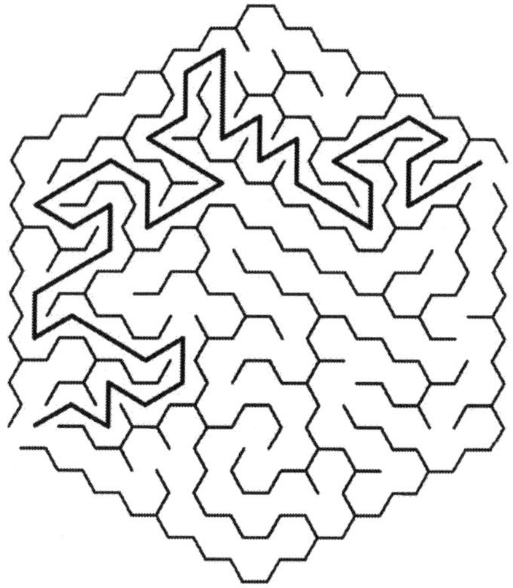

13

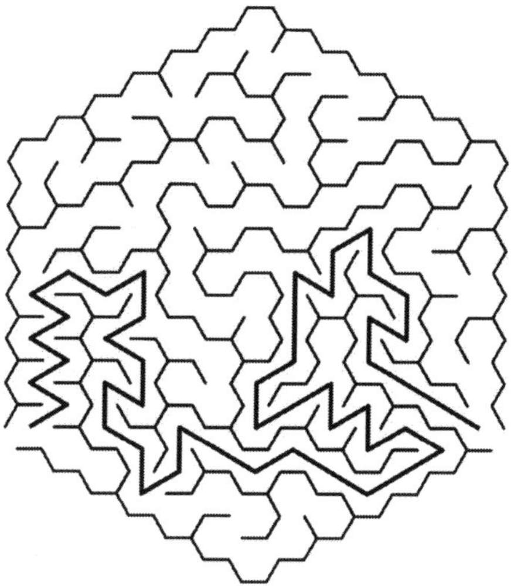

14

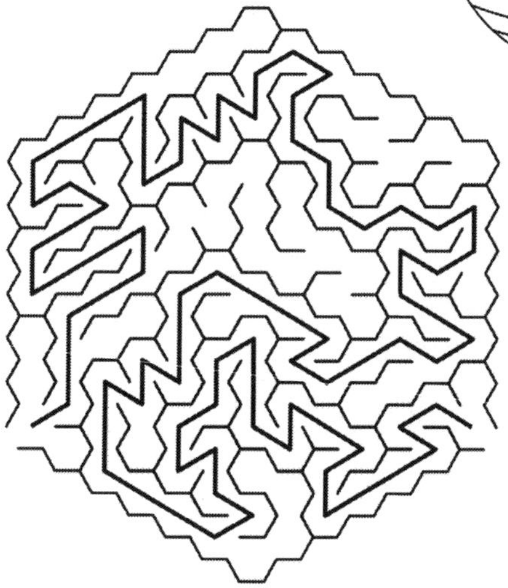

15

16

17

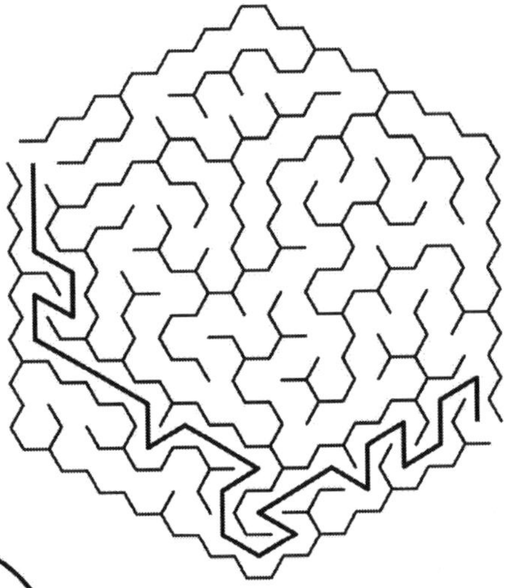

18

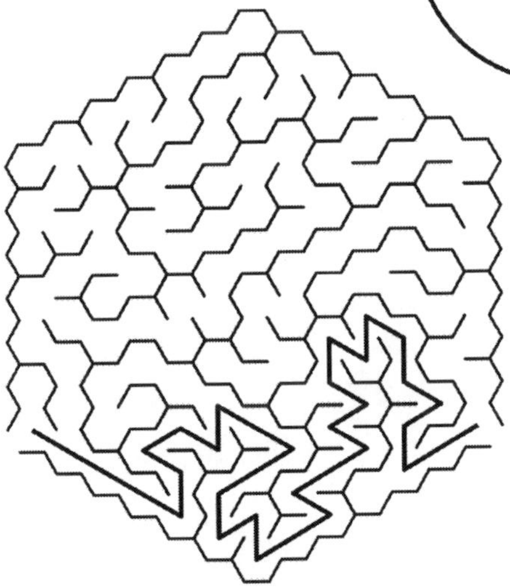

19

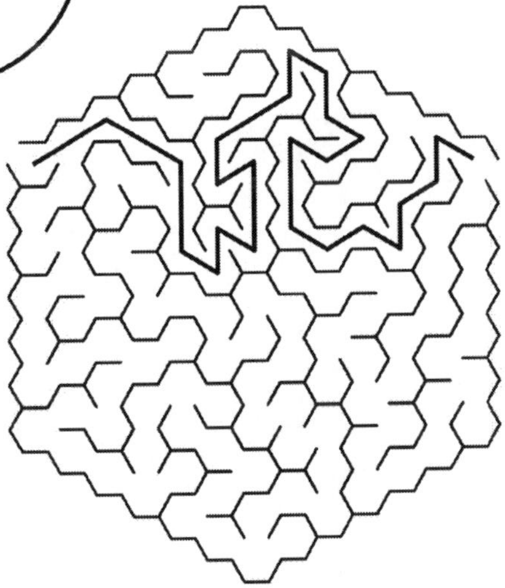

20

21

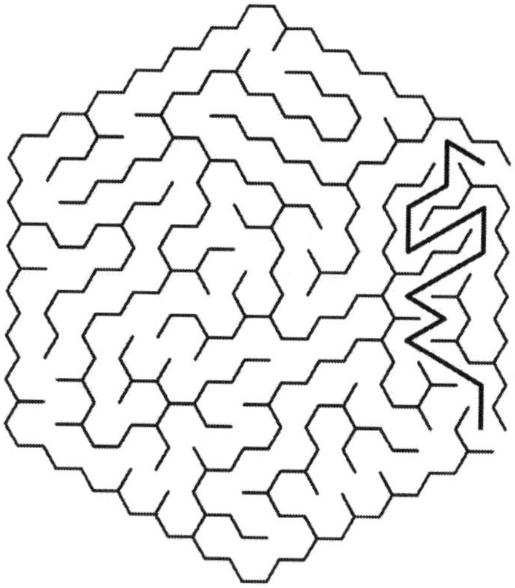

22

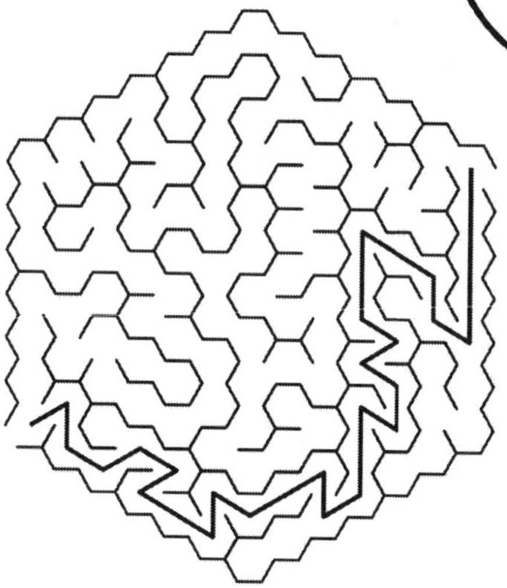

23

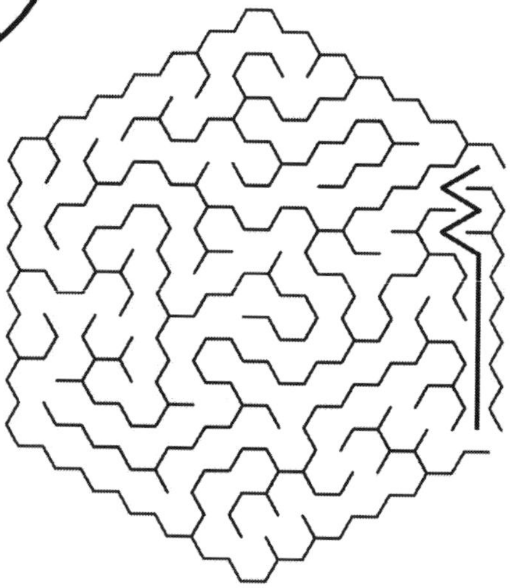

24

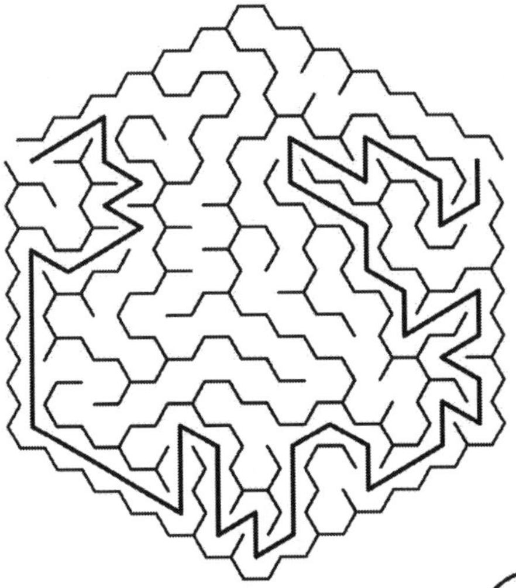

25

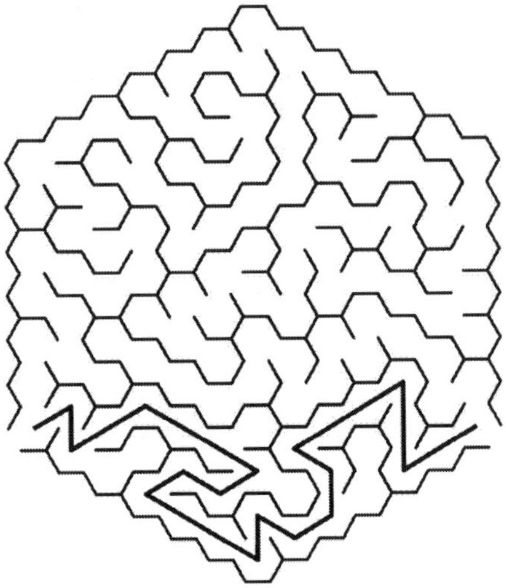

26

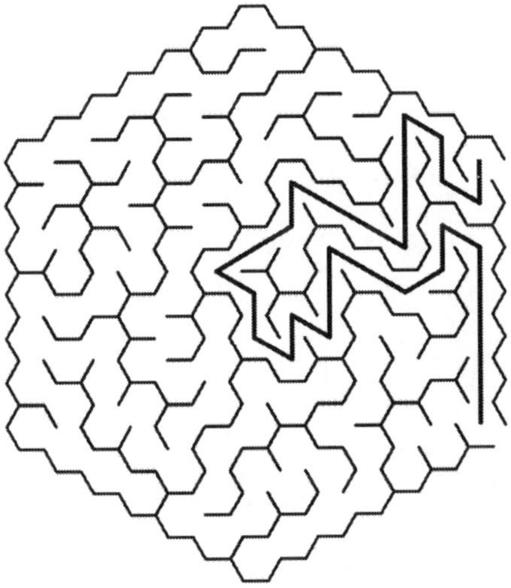

27

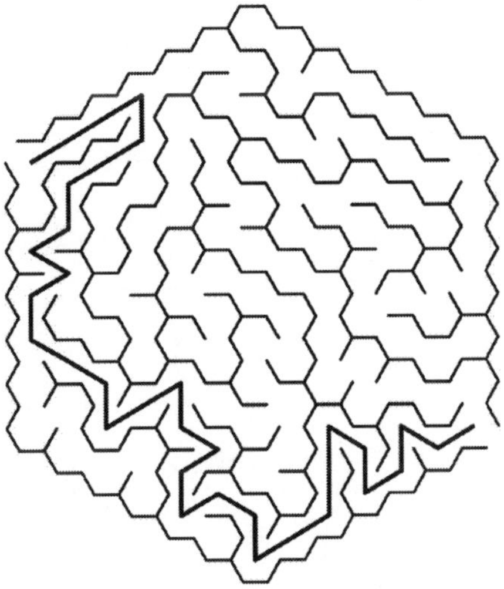

28

29

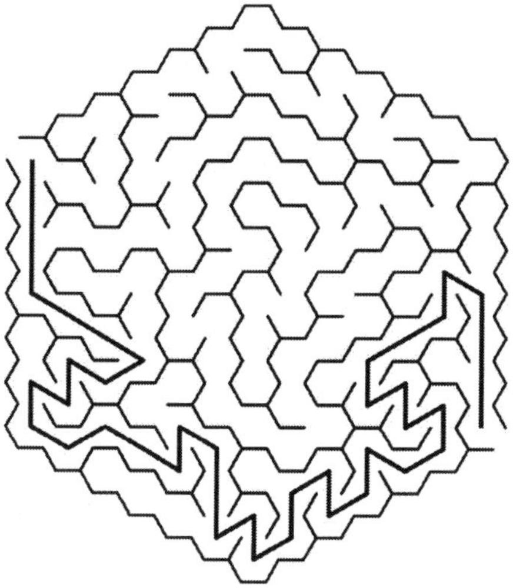

30

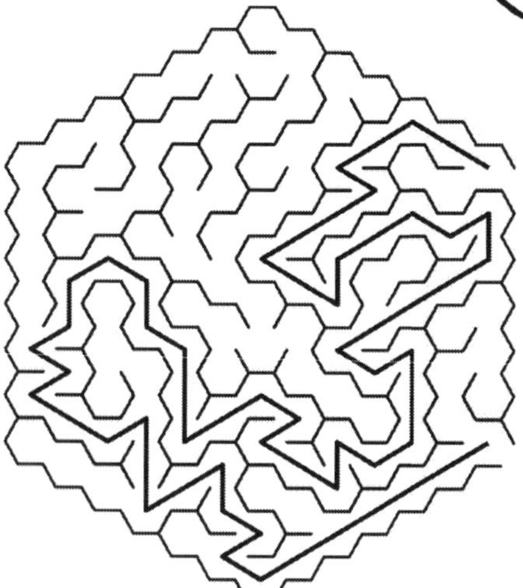

31

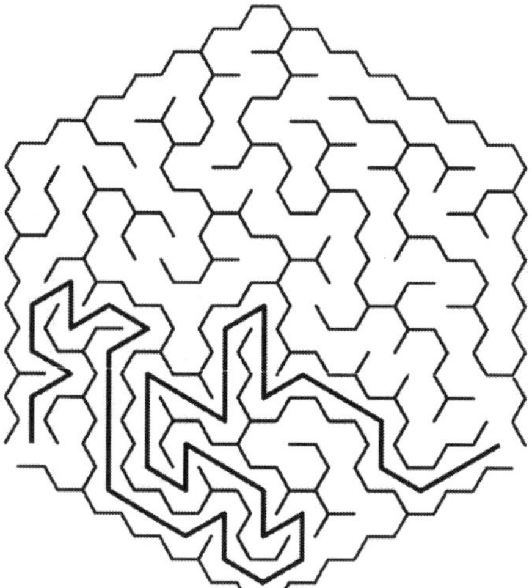

32

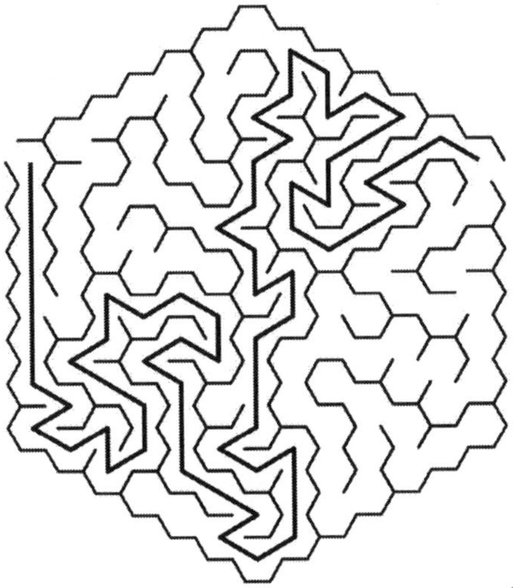

33

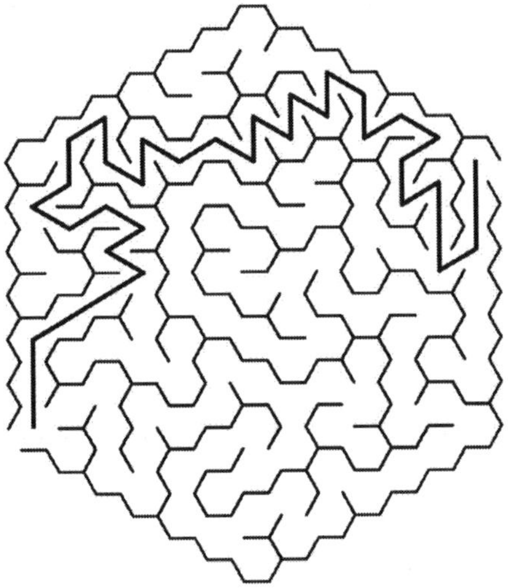

34

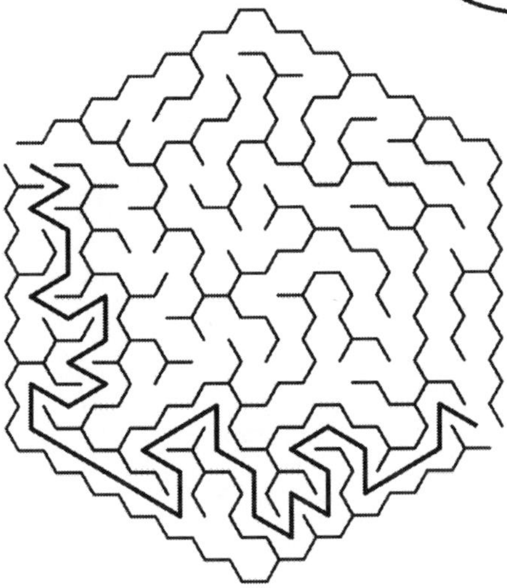

35

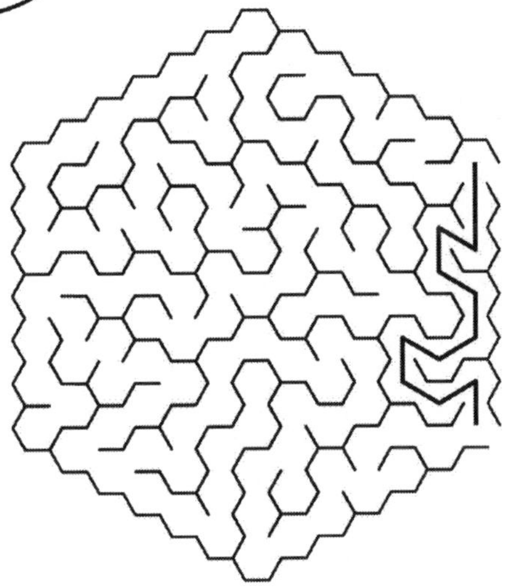

36

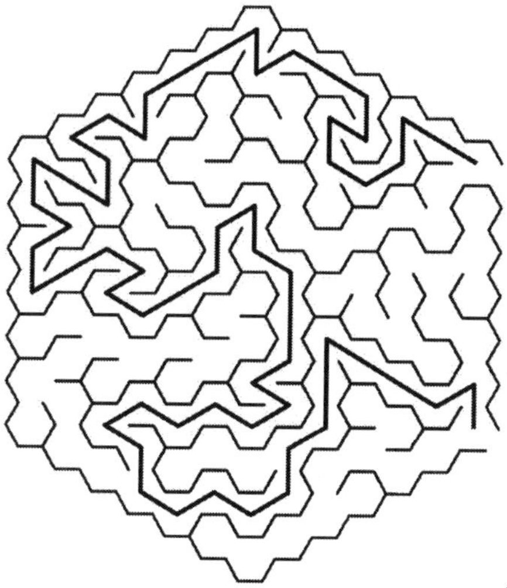

37

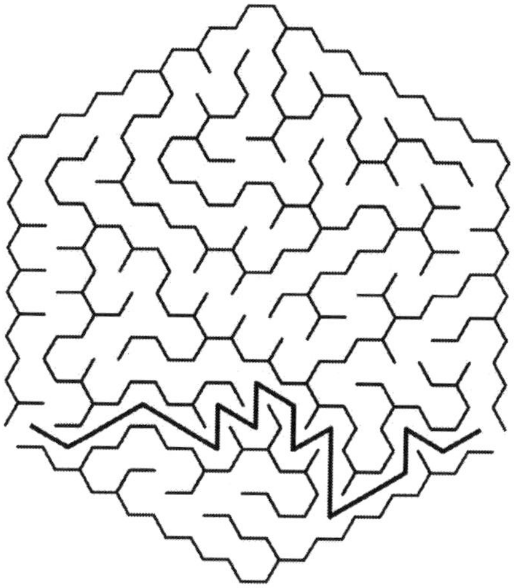

38

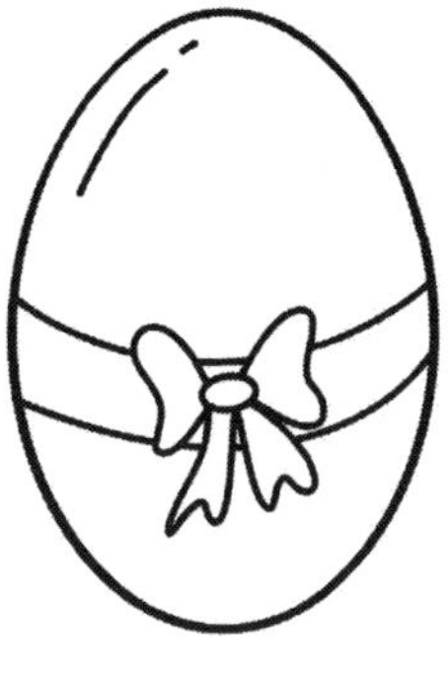

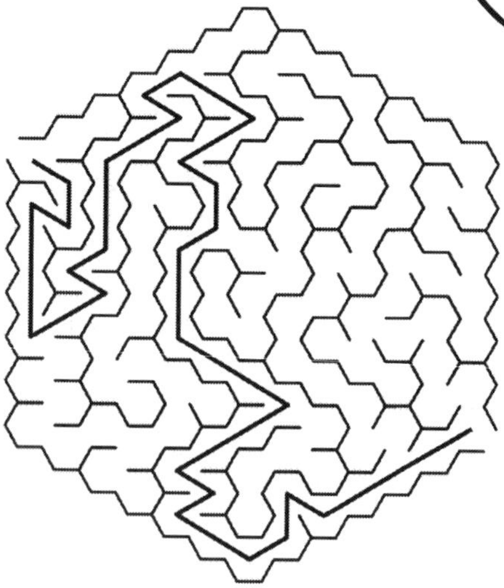

39

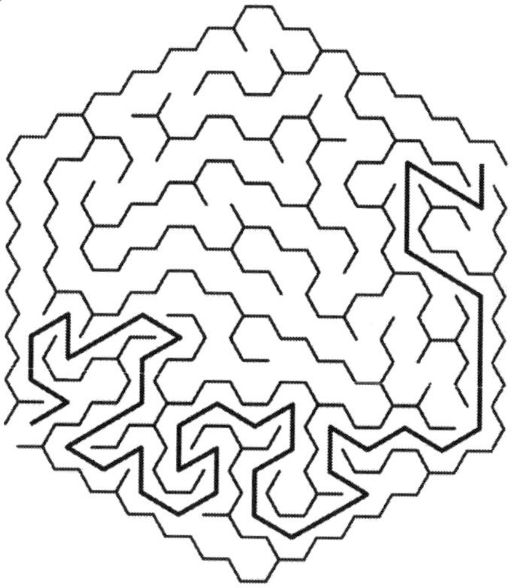

40

41

42

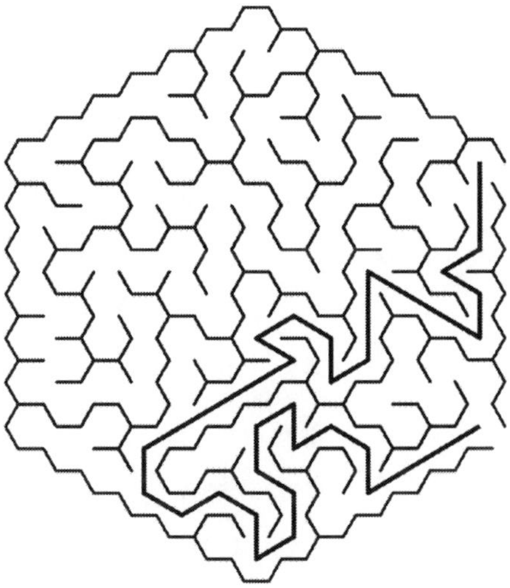

43

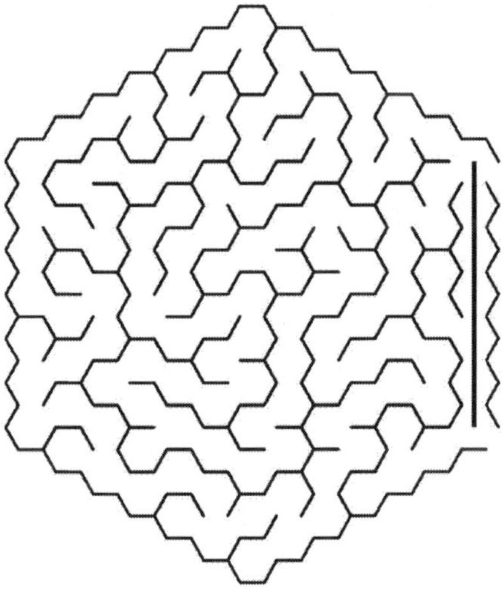

44

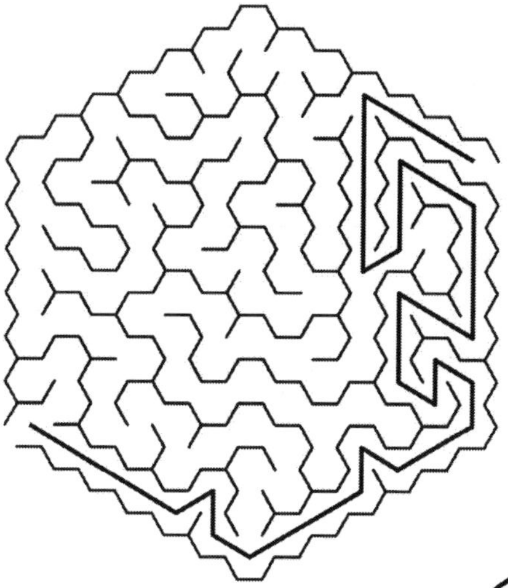

45

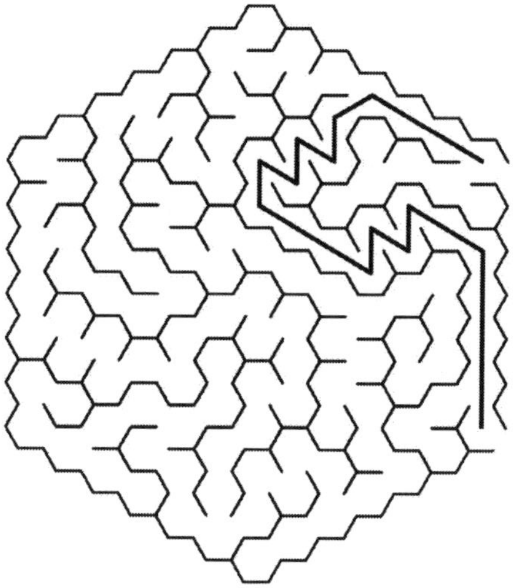

46

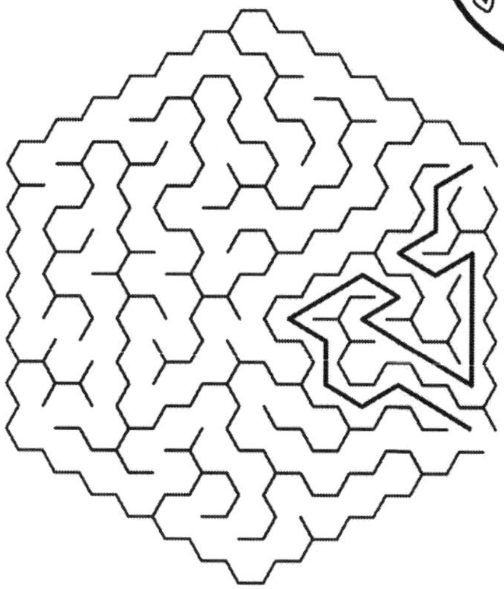

47

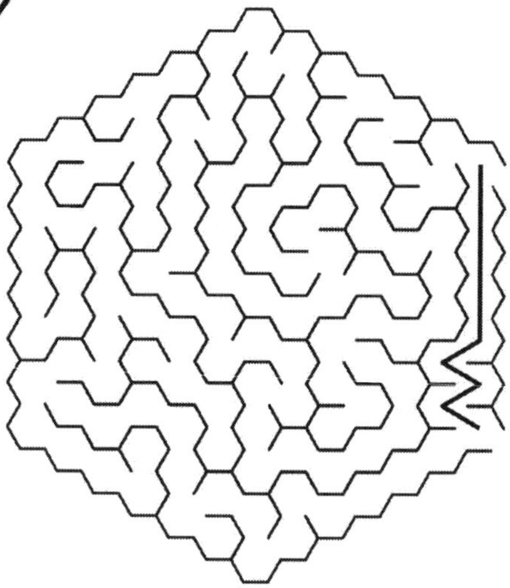

48

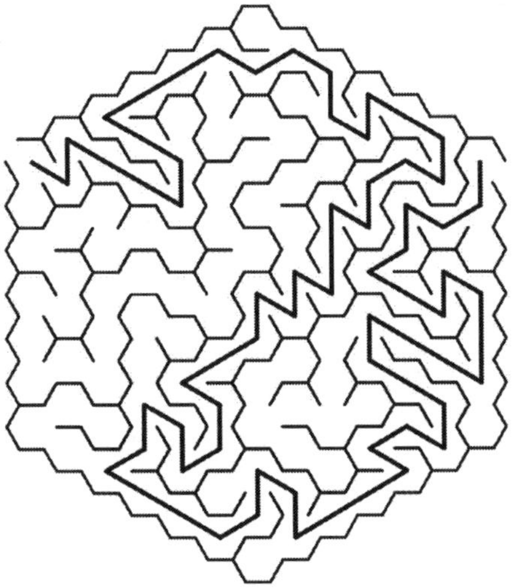

49

50

SOLUTIONS
MAZES
LEVEL HARD
EASTER

1

2

3

4

5

6

7

8

9

10

11

12

13

14

15

16

17

18

19

20

21

22

23

24

25

26

27

28

29

30

31

32

33

34

35

36

37

38

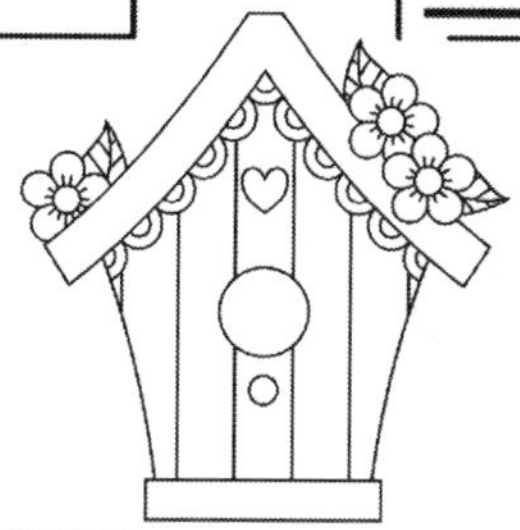

39

40

41

42

43

44

45

46

47

48

49

50

Made in the USA
Columbia, SC
10 April 2025

56447166R00078